# 专题馆，图书馆深化服务的探索

## Special Library: The Exploration of Deepening Service of Library

信丹丹　仰　煜　著

海洋出版社

2023年 · 北京

## 内容简介

全书内容分为四个部分，选题是以上海浦东图书馆的实践为基础来研究图书馆专题馆建设与服务。第一部分（第一章）从理论上阐述专题图书馆的产生、内涵、研究进展及构建专题馆的缘由；第二部分（第二章~第五章）主要研究专题馆的建设，涉及专题设置、专题馆员、专题文献馆藏体系及数字人文背景下的资源开发工作；第三部分（第六章~第八章）主要研究专题馆的服务，从服务设计阐述，到实践开展的服务项目，有延展辐射广度的研究型文献推广和挖掘服务深度的智库知识服务体系；第四部分（第九章）汇集分析深圳、东莞、杭州等地国内专题馆建设的案例。

**图书在版编目（CIP）数据**

专题馆，图书馆深化服务的探索/信丹丹，仰煜著．
—北京：海洋出版社，2023.6
（二十一世纪图书馆学丛书 / 丘东江主编. 第五辑）
ISBN 978-7-5210-0507-3

Ⅰ.①专…　Ⅱ.①信…②仰…　Ⅲ.①图书馆服务-研究-上海　Ⅳ.①G259.275.1

中国版本图书馆 CIP 数据核字（2019）第 297708 号

ZHUANTIGUAN, TUSHUGUAN SHENHUA FUWU DE TANSUO
责任编辑：赵　武
责任印制：安　森
**海洋出版社　出版发行**
http：//www.oceanpress.com.cn
北京市海淀区大慧寺路 8 号　邮编：100081
鸿博昊天科技有限公司印刷　　新华书店发行所经销
2023 年 6 月第 1 版　2023 年 6 月北京第 1 次印刷
开本：787mm×1092mm　1/16　印张：14.75
字数：183 千字　定价：90.00 元
发行部：010-62100090　总编室：010-62100034

# 主编弁言

“二十一世纪图书馆学丛书”第一、二、三、四辑出版以来，受到图书馆工作者的欢迎。因为其主要特点是选题务实、信息新颖、内容丰富、注重图书馆实践和结合图书馆工作实际。

现在，该丛书第五辑出版的 13 个选题，是从 60 多个应征稿件中仔细挑选出来的。这些选题力求题材独特、知识丰富、立意新颖和可读性强。

“二十一世纪图书馆学丛书”第五辑涵盖面比前四辑更为广泛，包括《特色资源元数据设计与应用》《高校图书馆研究影响力评价服务实务》《图书馆传播理论与实践》《海上图林——海派图书馆事业的萌芽与发展》《专题馆，图书馆深化服务的探索》《不独芸编千万卷——图书馆讲座实务》《信息技术在图书馆的应用》《新时期上海图书馆文献编目工作实践》《连续出版物机读目录的编制》《图书馆世家的读书种子——沈宝环之生平、著述与贡献》《两个世界图书馆合作组织知多少》《图书馆，不仅是藏书楼》《图书馆里的巾帼典范——海外图书馆知名女性理解的阅读与人生》。

我想上述选题内容，图书馆馆员会有兴趣阅读；相信这些务实的专业论著的出版，对图书馆现时的工作有所裨益、对图书馆馆员知识水平的提高有所帮助。

丘东江

2019 年 7 月于北京东升科技园

# 序

浦东图书馆青年馆员信丹丹、仰煜的著作《专题馆，图书馆深化服务的探索》即将付梓出版，我很高兴两位年轻人能热爱自己的本职工作，在专题化建设与服务的实际工作中开展了理论与实践相结合的学术研究。

在文化大发展的背景下，伴随着社会、经济、技术的急速发展，图书馆的生存环境发生着深刻的变化，图书馆需要重新审视自己的价值和定位，面临挑战和机遇，探索如何促进转型与升级成为重要课题。2006年，我在浦东图书馆（新馆）设计时思考，以新馆建设为契机，寻求新时期图书馆发展的着力点，根据读者的需求和本地区域经济社会发展的特点，建立起专题文献馆，对于探索图书馆特色化、专题化建设进行了尝试，努力开拓一片发展浦东图书馆事业的新天地，让图书馆建设与社会发展相适应，使图书馆服务与公众需求相吻合，开展深层次文献服务。

专题馆肩负着集文献之精华，扬服务之特色的使命。近年来，长三角和珠三角等经济发达地区图书馆的实践表明，作为一种新模式，紧扣本区域发展命脉和图书馆发展需求而设立，是综合性图书馆的有效补充，展现了独特魅力。我理解，图书馆的特色化发展趋势已不可阻挡，专题馆建设有文献基础和服务能力，容易得到重视和支持，为探索建设形成具有中国特色的小型性、特色性、分散性的城市图书馆网，提供宝贵的经验。

对于一项创新的建设项目，即使是进行些许的理性思考也不容易，两位著者是我看着成长起来的副研究馆员，浦东图书馆专题馆的建设能在迷茫中求索，跨越障碍，在理论上进行追根，在实践上开展摸索。理论体系的建立是长期艰巨的任务，这本书的意义不在于是否彻底厘清了专题馆理论研究的脉络，是否圆满回答了专题馆的所有理论问题，而在于她们的探索步伐沿着理论与实践互动的轨迹，走出了一条可持续发展之路，可资借鉴。不能不说，尽管专题馆的建设途径多种多样，但浦东图书馆专题馆的实践，是发展事业的有效途径之一。当然，最为重要的是，这与业务的顶层设计以及她们不懈的努力休戚相关，她们一路走来的路径以及对未来发展的寄望，可以从本书中得以探寻。

本书是一本有价值和值得参考的作品。其一，它是图书馆界首部关于专题馆研究的著作。既有宏观层面的论述，也有微观层面的探讨，既有对专题馆建设的思考，也有对专题馆服务的探索，既有对专题馆源由的回顾，也有对国内实践案例的考察。其二，它是理论与实践交融的著作，是专题馆建设实践者们在学术上的凝练提升，形成的理论再去指导实践的一种良性循环。书中比较全面地汇集了专题馆从建设、开发到服务的理论观点和实践体会，从多角度和多层面介绍了他们对专题馆的建设和服务的理解，特别是对浦东图书馆专题馆实践的认识与见解，增强了本书的可读性和实用性。其三，为今后专题馆的发展走向，提供想象空间。可以预见，当专题馆的建设大规模发展，特色资源的共建共享成为可能，改变过去各馆追求“全”的文献模式，必将改善文献资源布局，特色图书馆网指日可待，可大大提高图书馆整体服务水平。

也许，本书的全部观点未必得到完全认同，但我想，浦东图书馆专题馆的经验具有先行者的功效，本书会为有专题馆建设需求的图书馆提供很好的路引，希望本书的出版，能够对图书馆转型发展起到积极作用。

信丹丹、仰煜两位同人是专业型的知识女性，受过系统的图情专业教育，从事过多年的图书馆实践工作，在高校馆和公共馆都曾任职，对两种类型的图书馆都比较了解，具备学术研究的理论基础和实践经验。本书是两人的首部学术著作，向她们表示由衷祝贺的同时，期待她们更快的学术成长和更多的佳作问世。

是为序。

原浦东新区图书馆馆长

陈克杰

2018 年 11 月 4 日

# 目录
Contents

# 第一章
# 我们需要改变：专题图书馆的兴起

近几年，我国的经济迅速发展，文化作为国家综合国力的一部分，也呈现了长足的上升趋势。随着国家文化事业的发展，图书馆作为一个国家文化品牌的标志之一，图书馆事业也在持续前行。图书馆发展需要适应国家国情的发展，需要不断改变，不断创新[1]。图书馆自诞生以来自身也经历了几个发展阶段，如何在当今的创新社会中寻求发展、寻求变革、寻找突破发展瓶颈的方法，图书馆人也在不断努力。本章论述国家各种文化政策出台利好情况下，图书馆寻求转型发展的尝试——“专题图书馆”应运而生。

## 第一节 国家文化政策利好频出

公共图书馆作为由政府主导的国家文化事业的组成部分，其发展受到了国家政府出台的各项文化政策制定以及实施的影响。一直以来，党和国家重视图书馆的发展，在政策上给予一定的支持。中华人民共和国成立初期，国家出台一系列的政策，为我国文化事业的发展奠定了政策基础。十一届三中全会以后，国家对文化事业更加重视，特别是近十几年来，经济的高速发展，与之相适应的文化事业也获得空前的发展，各个文化场所设施的建立，各大图书馆的兴建，各项文化政策的频频出台，图书馆事业的发展获得很大的提升，也为图书馆事业健康的发展提供了制度上的支持和保障[2]。

## 一、政策出台的背景

1993 年,《中共中央关于建立社会主义市场经济体制若干问题的决定》的颁布，确立我国以经济建设为中心，至此中国经济进入了高速发展的阶段。随着经济发展的不断深入，人民群众在物质条件充分保障的前提下，对精神文化的需求也日益增多。为适应这种发展趋势，2005 年中共中央、国务院颁布了《关于深化文化体制改革的若干意见》，提出文化改革的详细举措，并对文化事业和文化产业的发展提出了意见，文化的发展得到了党和国家的高度重视。2012 年的政府工作报告中明确指出“释放国内居民对精神文化的消费需求，对于我国政治、经济的发展具有重要的作用”。而满足居民对精神文化消费的需求就是要国家文化事业的繁荣和文化产业的发展。2012 年中办、国办印发的《国家“十二五”时期文化改革发展规划纲要》，给文化产业发展提供了新的发展契机，开启了我国文化建设的又一个新的篇章。在国家各种利好政策纷纷出台的情况下，国家和各级财政部门加大了文化事业的投入，增加了文化设施的建设[3]。据《文化蓝皮书——中国公共文化投入增长测评报告（2018）》统计：2000—2016 年，全国文化投入总量由 300. 29 亿元增至 3 163. 08 亿元，年均增长 15. 85%，较明显高于产值增长[4]。由此可见，经济的持续高速发展，不仅激发了人民群众对丰富文化生活的需求，同时也为国家各级财政对文化的投入奠定了雄厚的基础，成为促进我国文化事业发展最有力的物质保证。

## 二、国家政策的体现

近年来，中央和地方、协会等各种机构发布系列政策文件以规范和管理我国图书馆事业的发展。这些文件在图书馆立法、公共文化服务体系、管理机制创新、新技术发展等方面均有体现，并呈现公共图书馆体系化发展的特点，推动我国图书馆事业发展的法律化进程[5]。

### （一）图书馆立法——实质性进展

《中华人民共和国公共图书馆法》（以下简称《公共图书馆法》）诞生之前，我国各级人民政府根据各地方文化事业发展制定了符合本地方发展的条例，如 1997 年出台了《深圳经济特区公共图书馆条例》；2000 年出台了《内蒙古自治区公共图书馆条例》；2001 年出台《湖北省公共图书馆条例》；2002 年出台了《北京市图书馆条例》；2013 年出台了《四川省公共图书馆条例》等[6]。这些适合本地区发展的公共图书馆条例陆续出台，并结合图书馆事业发展的新趋势，不断修订完善，不仅为本地区图书馆事业发展提供制度保障，同时也为《公共图书馆法》奠定了立法基础，具有一定的借鉴意义。

2017 年 11 月，图书馆人历经 16 年的努力，《中华人民共和国公共图书馆法》诞生了，并于 2018 年 1 月 1 日正式实施，可以说这是图书馆政策发展的一个里程碑。此法律的颁布也是多年来图书馆政策的集大成者，是党的十九大之后出台的第一部文化方面的法律，彰显了公共图书馆事业在中国特色社会主义文化中的地位，也标志着历经百年的图书馆事业走进了新的时代[7]。

### （二）公共文化服务体系——均衡发展

2005 年，中共中央、国务院颁布《关于深化文化体制改革的若干意见》，明确指出“国家兴办的图书馆、博物馆、科技馆……为群众提供公共文化服务的单位，为公益性文化事业单位”。2012 年，中办、国办颁布《国家“十二五”时期文化改革发展规划纲要》规定按照公益性、基本性、均等性、便利性的要求，以公共财政为支撑，以公益性文化单位为骨干，以全体人民为服务对象，以保障人民群众看电视、听广播、读书看报、进行公共文化鉴赏、参与公共文化活动等基本文化权益为主要内容，完善覆盖城乡、结构合理、功能健全、实用高效的公共文化服务体系。2013 年文化部颁布《文化部“十二五”时期公共文化服务体系建设实施纲要》。2015 年文化部、发展改革委等 7 部委联合颁布《“十三五”时期贫困地区公共文化服务体系建设规划纲要》构建中国特色现代公共文化服务体系，实现基本公共文化服务标准化、均等化，明确“十三五”时期贫困地区公共文化服务体系建设的总体目标。这些一系列有关公共文化服务政策的出台，为公共文化服务事业的发展提供全方位的保障，表明我国公共文化服务体系基本建立，并向均衡化、系统化持续发展。

### （三）管理机制——创新发展

全面推进事业单位法人治理机构。事业单位进行改革，怎么改，一直以来国家非常重视。2011 年，两办颁布《中共中央、国务院关于分类推进事业单位配套改革的指导意见》建立和完善事业单位法人治理结构的意见，对法人治理结构的基本原则、总体要求、主要内容、组织实施等都做出了具体规定。2013 年中共中央颁布《中共中央关于全面深化改革若干重大问题的决定》明确文化事业单位功能定位、建立法人治理结构、完善绩效考核机制，加快了法人治理结构在图书馆行业领域的推行。随之，部分省市在中央政府文件的指导下，纷纷出台一系列加快推进事业单位法人治理试点的通知，并开始建立法人治理试点机构。

公共文化服务走向社会资本合作。文化事业的发展朝什么方向发展，多元化、社会化发展途径也是近几年的思路。2015 年国务院转发文化部等部门《关于做好政府向社会力量购买公共文化服务工作的意见》，图书馆及其阅读推广等工作列入了政府向社会大量购买公共文化服务的指导意见。同年两办颁布的《关于加快构建现代公共文化服务体系的意见》建立健全政府向社会力量购买公共文化服务机制和目录。此外《关于在公共服务领域推广政府和社会资本合作模式的指导意见》要求增加公共产品和公共服务供给，在文化等公共服务领域广泛采用政府和社会资本合作模式。

### （四）数字化建设——与时俱进

随着技术的发展，电子资源使用优势逐渐显现，为了更好地提高公共文化服务的效能，整个文化领域也在不断与时俱进，适应时代的发展，引进新技术、新概念，使群众通过互联网技术更加方便快捷地享受文化盛宴。2011 年文化部、财政部联合下发《关于实施“数字图书馆推广工程”的通知》在全国范围内形成有效的数字资源保障体系，使更多的读者通过网络技术享受更多的资源。2015 年国务院发《国务院关于印发促进大数据发展行动纲要的通知》加快数字资源共享、统一共享交换平台、统筹规划大数据基础设施建设等。《公共图书馆法》以国家立法的形式推进公共图书馆积极利用云计算、大数据新技术革新服务模式。

由此可见，近几年，中国在经济高速发展的基础上，文化事业获得飞速的发展，国家和地方各级政府出台各类文件和通知，内容涉及方方面面，除上述阐释之外，还有很多的政策，如保障未成年人的文化权利、全民阅读推广、行业标准规范制定、图书馆评估定级、职称评定等，这些政策的出台为文化事业的发展提供了发展方向，也使文化人积极投入到这股浪潮中，不断创新，积极探索新的服务模式更快更好地服务更广大的人民群众。

## 第二节　公共图书馆转型发展的尝试

长期以来，公共图书馆大规模的文献收藏成为发展的优势，但随着信息技术和互联网技术的普及，图书馆文献信息的优势逐渐被代替，图书馆发展遇到了瓶颈。而近年来，由于国家的政策以及财政的大力支持，图书馆发展遇到前所未有的机遇，各地图书馆如雨后春笋般出现，公共图书馆以其优雅的环境、休闲的氛围受到了居民的喜爱，逐渐成为居民的第三空间、文化的核心地带。在国家各种经济、政治以及社会环境如此利好的情况下，图书馆作为公共文化服务的事业单位之一，如何提升自己的公共竞争力，使更广大的人民群众享受这种文化红利呢？

### 一、专题图书馆概念

进入 21 世纪以来，图书馆在文化产业以及现代技术发展的冲击下，原来的馆藏模式以及服务模式难以适应时代发展的需要，每个图书馆都在寻求适合自己的发展模式，增强自己的核心竞争力，打造自己的核心品牌，而具有专业竞争力的专题图书馆随着时代的发展应运而生。[8]

专题图书馆（简称“专题馆”），就是针对某类专题文献进行专题服务的图书馆。专题图书馆是深化公共图书馆特色服务的举措之一，也是图书馆树立服务品牌的重要方式。它是图书馆根据本地区的经济、政治和社会环境以及读者的需求，结合自己原有馆藏资源的特点而建立的集文献、服务以及专业的管理人员于一体的图书馆模式[9]。专题图书馆主要存在于公共图书馆体系中，学校图书馆一般以专题阅览区形式存在于图书馆主体内部。[10]

从更广泛的意义来说，专题图书馆打破图书馆一直以来按照《中国图书馆分类法》22 大类分类图书管理，而是采取按照主题词规则把具有同一主题的图书放在一起，集中管理，配备该主题的专业馆员进行管理的一种服务模式。[11]

## 二、专题图书馆产生前提

在文化繁荣昌盛的大背景下，公共图书馆作为公共文化事业的一部分，要谋求发展，突破瓶颈，积极寻求生存出路，图书馆需要不断创新、改革，建立本专业核心品牌，做出其他的文化体系无法取代的产品。图书馆是以文献为基础、围绕文献开展满足读者需求的各项服务机构，既要延承图书馆的传统功能，又要在传统基础上创新发展，专题图书馆便应运而生了。

### （一）深化图书馆改革的举措

图书馆在各种利好的前提下，需要不断发展、不断创新。传统图书馆模式越来越难以满足广大居民不断增长的文化精神需求，以专题图书馆为代表的特色图书馆变成其中一种有效的尝试。专题图书馆既是实现传统服务的深化和继续，也是服务产品以及服务项目的突破。专题图书馆是图书馆深化改革的举措之一，也是今后图书馆发展的一个方向。

### （二）建立核心品牌的要求

图书馆的品牌形象是图书馆发展的核心竞争力的一个外在体现，在传统图书馆模式中，各个图书馆的发展比较单一，藏书成为公共图书馆专有标志，在馆藏特点以及服务方式上难以区别每个图书馆。专题图书馆摆脱了传统图书馆大而全的发展路径，以小而精的面貌呈现惊人的特色和活力。专题图书馆完全可以作为一个公共图书馆的品牌形象来打造，它不是图书馆的全部，但它可以成为图书馆的一个符号[12]。

### （三）馆藏文献发展的必然

专题图书馆并不是新鲜事物，它是由图书馆的专题阅览室发展而来的。传统的大而全的方式越来越不能适应图书馆的发展，专题阅览室的出现也让馆藏资源走向小而精方面，传统的专题阅览室是图书馆为读者阅览提供一个专门场所，藏书规模相对较小，服务手段单一。而专题图书馆在规模和服务方式上比专题阅览室有所扩大和创新。专题图书馆更倾向于一种小型的特色图书馆，文献馆藏按照主题方式更加集中，配置专业的专题馆员，通过一系列的专题文献推广活动，为特定的读者进行服务[13]。

## 三、专题图书馆存在形式

由于各公共图书馆在规模、空间布局以及开展专题服务的功能性等方面存在差异，因而专题图书馆在设立形式上表现出不同的特色。

### （一）馆中馆

馆中馆是专题图书馆最常见的一种存在方式。馆中馆形式的专题图书馆一般在物理空间上相对比较独立。即使是一个公共图书馆设有多个专题，各专题之间也是相互独立存在的，隶属不同的管理部门，而且还要根据本专题的设置进行具有特色的装饰布局，营造出体现本专题特色的服务氛围[14]。如：东莞图书馆的漫画馆、绘本馆归少儿部管理；衣食住行馆归参考咨询部管理；IT 图书馆归网络部管理等。

### （二）分馆

专题图书馆在设立初期大都存在于图书馆内部，随着专题图书馆规模的扩大，有些专题图书馆逐渐脱离图书馆的主体，开始在外面寻找发展空间，发挥自身专题文献的优势，成为独立于图书馆主体之外的分馆，如温州市图书馆建立的鞋都图书馆。还有由于机构的重组合并，一些小型图书馆纳入本地区公共图书馆体系，小型图书馆根据本地区的读者需求，形成某一类专题文献集聚，成为主体的专题图书馆分馆[15]，如东莞虎门分馆的服装图书馆。还有一些图书馆与行业或企业合作，建立的专业图书馆也逐渐成为主体图书馆的特色专题分馆，如广州图书馆与广州国际玩具礼品城合作建成的广州图书馆动漫玩具专题分馆。

### （三）专题区

在图书馆主体专门设置一定区域设立专题图书馆，每个专题之间物理独立，专题文献集中，统一管理，配置不同的专题管理人员[16]。如上海浦东图书馆 2010 年新馆落成，在五楼阅览区集中设立专门区域，每个专题设置不同的专业馆员进行管理，每个专题馆员根据本专题建设开展活动。还有的设在图书馆主体之内，没有特定的专门区域，以馆内分散专题区域形式设置，如广州图书馆的广州人文馆、《广州大典》与广州历史文化研究基地、广州非物质文化遗产常设展览开展以本土文化为主题的服务，休闲生活馆开展以都市文化为主题的服务，还设置创意设计馆、信息技能学习区、考试专题图书区等主题区域，分散在馆内各楼层。

## 第三节　国内外相关研究

### 一、国内文献理论研究

专题图书馆是近几年出现的名词，但在实践中类似专题图书馆形式很早就有，如《四库全书》抄写七部，分别收藏在内廷之文津阁、文源阁、文渊阁、文溯阁以及江南的文汇阁、文宗阁和文澜阁，可以说是中国较早的主题图书馆的雏形。这里仅就专题图书馆名词出现以后进行论述。在 CNKI 中最早使用“专题图书馆”发表的文章是 2003 年《现代情报》刊载的《工商专题图书馆建设：台港两地的启示》文章，通过台港两地的工商专题图书馆建设，指出建设专题图书馆需要客户需求，做好协调与规划，建立知识服务体系[17]。而最早指出专题图书馆概念的是苏静芹发表的《我国公共图书馆专题图书馆建设与发展简述》一文，指出所谓专题图书馆，即一种依托于专题文献资源收藏开展专题服务的图书馆[18]。在“专题图书馆”概念出现的同时，也有“主题图书馆”表述。王世伟发表的《主题图书馆述略》指出主题图书馆就是“特定领域的专藏”[19]。从两个概念中发现，在论述中专题和主题的范围没有明确的边界，规模可大可小。主题图书馆和专题图书馆在本质上都是对一类文献的特有的服务。浦东图书馆专题馆的设立取“专题图书馆”之名，专题中按主题排架，在本质上与业界探讨具有一致性，本书也以“专题馆”为名进行表述。

以主题词“专题图书馆”和“主题图书馆”检索出的文章来看，在“专题图书馆”或“主题图书馆”建设方面，我国还处于探索阶段，所论述的文章也不是很多，大致从综述、资源建设、服务建设以及以某一专题建设的情况进行论述。

### （一）综述研究

如王世伟的《主题图书馆述略》中论述了主题图书馆的定义与类型、主题图书馆在国内外的发展历史；徐捷《基于公共图书馆之主题图书馆的构建研究》中介绍了公共图书馆之主题图书馆的内涵、构建要素、实现意义、构建及服务举措，诠释了公共图书馆之主题图书馆的构建理念及方法[20]；熊军《主题图书馆发展趋势》一文中研究了构建主题图书馆五要素，对近十年主题图书馆研究进行了概述[21]。

### （二）资源建构

如马英《公共图书馆专题文献资源建设策略》论述公共图书馆专题文献资源的建设应根据图书馆自身的任务和服务对象选择专题，密切结合地方政治、经济发展的需要确定专题文献资源[22]；任国祥在《主题图书馆资源建设的深化与创新》提出主题图书馆的资源建设应要注意完整性、规划性、开放性、原生性、时代性以及创造性[23]。

### （三）创新服务

如杨东铭《主题图书馆建设与图书馆阅读推广的创新研究》详细介绍了主题图书馆建设与阅读推广方面的具体实践，阐述了主题图书馆与阅读推广的关系，并探讨了两者的发展及意义[24]；丁沫在《关于主题图书馆及主题信息深度服务的思考》提出主题图书馆的构建提升图书馆的品牌知名度，更有利于进行深层次的主题信息服务，促进本区域经济、文化的创新与发展[25]。

### （四）实例论证

如王继颖《以信息共享空间理念构建主题馆——以杨浦上海近代文献馆为例》结合区级图书馆主题馆的功能定位、资源布局、服务模式，探讨了 IC 在区级主题馆建设与服务中的应用[26]；刘红梅《论公共图书馆专题文献服务——以深圳图书馆法律馆为例》结合深圳图书馆法律馆专题文献服务，阐述了公共图书馆专题文献的馆藏定位、服务体系及发展建议[27]。卢苒《总分馆体系下专题图书馆的建设——以东莞图书馆为例》阐述东莞图书馆在完善各分馆建设的基础上，以特色服务丰富了图书馆之城的服务内涵[28]。

## 二、国内实践探索阶段

专题图书馆首先是在沿海发达地区发展起来的，逐渐向内陆地区过渡，现在越来越多的图书馆开始注重专题图书馆发展。

### （一）长三角地区

上海是国际大都市，2000 年开始酝酿以上海图书馆为总馆，以馆内馆、馆外馆发展模式建立一系列的主题馆[29]。如："虹口区曲阳影视文献馆""静安区少年宫玩具图书馆""中国文化名人手稿馆"；上海图书馆馆内"家谱阅览室"和"专利标准阅览室"；中国科学院上海生命科学院和上海图书馆共建"生命科学主题馆"；浦东新区陆家嘴功能区成立"金融图书馆"；黄浦区政府与上海图书馆共建"黄浦区文庙儒家经典展示馆"；复旦大学视觉艺术学院与上海图书馆、上海音像资料馆共建复旦大学"上海视觉艺术主题馆"；上海图书馆与杨浦区图书馆共建"杨浦区上海近代市政工业主题馆"[30]；闵行区图书馆与上海民间文艺家协会、上海图书馆共建的“闵行区非物质文化遗产主题馆”[31]；松江区图书馆与上海图书馆共建松江区“上海地方文献主题馆”[32][33]。

浦东图书馆2010年新馆建成以后，在馆内五楼设立专题馆，建设了地方文献、金融、航运、科技、城市治理、干部学习、艺术、生活·时尚、国际博览、教育、法律、参考等专题区[34]。

杭州图书馆2006年与西泠印社合作建立了“印学分馆”，是国内第一家印学图书馆；2007年杭州图书馆与浙江省盲人学校合作建立了“盲人分馆”；2008年杭州图书馆和中国棋院杭州分院合作，共同建立了“杭州图书馆棋院分馆”；与拱墅区合作建立“运河文化主题图书馆”。2008年在杭州图书馆主馆内部设立“音乐分馆”，音乐分馆除了收藏文献以外还配备了一流的硬件设施，如HI-FI音乐室，配有德国喇叭花、美国ROCKPORT太阳神、英国天朗等全球领先的音响设备，是全国少数以音乐为主题的图书馆之一。2012年杭州图书馆设立“佛学分馆”和“城市生活主题分馆”[35]；2015年在馆外设立“科技分馆”“运动分馆”；2016年设立“环保分馆”。温州市图书馆与温州市皮革协会共同筹建了“中国鞋都图书馆”。

长三角地区建立的“专题图书馆”根植于地方文化特色和市民实际需求，综合考虑历史人文、环境风貌、产业发展、社会进步、区域特色等城市发展中的各个因素，并将之与政府的城市发展规划和相关政策相结合，寻找最适合的建设主题。在建馆模式上灵活多元，有结合原分馆馆藏特点建立、以馆中馆形式建立、与社会力量合作建立等方式[36]。

### （二）珠三角地区

珠三角地区作为改革开放经济特区，贸易出口领先全国，社会变化复杂多端，时尚发展迅速多彩。为了迎合经济、社会和文化的发展需要，图书馆结合自身地理优势和办馆理念，分别设立专题馆[37]。

深圳图书馆的专题馆建设起步比较早，水平也比较高。1994 年在馆内设立了“时装专题图书馆”，随后又建立了“商贸专题图书馆”“法律专题图书馆”以及“东盟专题图书馆”；深圳福田区图书馆在馆外设立了“舞蹈主题图书馆”“音乐与书画主题图书馆”“法治主题图书馆”“非遗主题馆”“创意主题图书馆”“绿色低碳专题图书馆”；深圳南山图书馆设立“设计专题图书馆”；深圳盐田区图书馆设立“海洋主题馆”；深圳罗湖区图书馆设立馆中馆“金融·珠宝图书馆”“国学·参考图书馆”“绘本馆”，分别在弘法寺、东湖中学、创新产业园设立“悠·图书馆”；深圳宝安区图书馆设立馆中馆“创客 e 家图书馆”“玩具馆”“外文馆”“旅游馆”[38][39]。

东莞图书馆新馆设立了“漫画图书馆”“衣食住行图书馆”“粤剧图书馆”“IT 图书馆”“东莞书屋”“台湾书屋”等 10 个特色鲜明的“馆中馆”，馆外馆与河南固始县地图收藏爱好者共同筹建了常平镇“地图图书馆”以及“虎门服装图书馆”；佛山禅城区图书馆设立“澜石金属图书馆”和“环市童装图书馆”[40]。

广州市图书馆在馆内设立“多元文化馆”“语言学习馆”“创意设计馆”“人文馆”，在黄埔区组建了“广州图书馆动漫玩具专题分馆”，这也是国内第一家动漫和玩具的专题图书馆；广州市少儿图书馆设立了“亲子绘本阅读馆”；广东省立中山图书馆设立了“喜洋洋主题馆”和“古籍馆”[41]。

### （三）京津冀地区

国家图书馆于 2006 年结合自己的馆藏收藏功能，设立了“古籍馆”和“国家典藏博物馆”；首都图书馆 2009 年设立了“北京市古籍保护中心”；北京东城区第一图书馆设立了创意文献专题区；北京东城区第二图书馆设立了“北京包装专题阅览室”；北京宣武区图书馆成立了“首都图书馆宣南文化专题资料分馆”[42]；北京朝阳区图书馆设立“法律资料服务阅览区”和“CBD 文化创意分馆”；北京西城区第一图书馆在馆中设立“音乐阅览室”“旅游阅览室”“中-瑞可持续发展信息中心”“德语信息与德语自学中心”；天津图书馆设立“音乐图书馆”。

（四）港澳台地区

早在 1998 年，一篇关于前港督府改名的报道就建议在改建的港督府内建一个主题图书馆，“主题图书馆”几个字初见报端。香港大会堂公共图书馆先后设立了“工商业图书馆”“创造力及创新资源中心”和“基本法图书馆”；香港中央图书馆在馆内设立了“地图图书馆”“香港文学资料室”以及“艺术资源中心”；九龙图书馆设立了“教育资源中心”[43]。目前，高雄市图书馆中设立国际绘本中心、多元文化区、参考资料区、留学资料区、南区资源中心、青少年资料区等专题区。

（五）其他地区

湖南图书馆近年来在馆内建立了“老年图书馆”“女子图书馆”“少年儿童图书馆”和“盲人图书馆”四个专题图书馆；江西省萍乡图书馆因安源而闻名，建立了“安源路矿工人运动主题图书馆”[44]；景德镇建立“瓷器文化专题馆”[45]；赣南建立“客家文化专题馆”；大别山干部学院建设了“大别山革命历史专题图书馆”，这也是目前全国唯一一座以革命历史类为主题的专题图书馆[46]；明溪华藏图书馆是福建省首家国学主题的公益性公共图书馆[47]；重庆图书馆针对本馆馆藏特色建立了“抗战文献民歌民谣专题馆”[48]。

## 三、国外专题图书馆情况

图书馆存在了上千年，很多图书馆专注于某个学科，但从没被叫作“专题图书馆”。欧洲中世纪的修道院图书馆以收藏神学图书为主，可以算作是较早的专题图书馆的雏形。17—18 世纪，欧洲专业图书馆不断增多，特别是 19 世纪中后期至 20 世纪初，由于科学研究的进一步细化和发展，读者对知识信息的需求更趋专业化，各类专题和专门图书馆得到了较大的发展[49]。John Cotton Dana，New York Free 公共图书馆馆员在 1909 年和其他 26 个来自北美图书馆的馆员一起讨论在北美出现的一种新的图书馆，他们讨论后认为这种图书馆应该被叫作专业图书馆，他们对此达成了一致，并成立了一个协会，叫作专业图书馆协会（SLA）。那是专业图书馆的发起。今天，SLA 是最大的专业图书馆组织，有来自 83 个国家的 1 300 个图书馆[50]。

由于各国的情况不同，专业图书馆也有不同的叫法：“thematic library”“characteristic libraries”“special libraries”。以“thematic library”为主题词的研究最早起源于美国，20 世纪 90 年代中期，案例研究才开始集中出现在国际图书馆学情报学杂志上。而以“characteristic libraries”为主题词的国外特色图书馆研究则历史悠久、规模更大、主题内容覆盖更全。其最大特点是不仅服务于本国，而且服务于全球，具有明显的国际性。国际图联非常重视统筹协调全世界特别（色）图书馆，设立了“特别图书馆发展委员会”。20 世纪中叶，联邦德国成立了国家级“特别图书馆协会”。以“special libraries”为主题词的国外专业图书馆的概念起源于 19 世纪的英国和美国。专业图书馆在 1876 年美国图书馆协会成立后迅速发展，1898 年医学图书馆协会成立，1906 年美国法律图书馆协会成立，1909 年美国专业图书馆协会成立[51]。

在世界图书馆事业较为发达的欧美国家，有许多历史悠久、馆藏丰富的专题馆，如在美国纽约，纽约公共图书馆系统有 87 个图书馆总分馆，其中就有 4 个专题图书馆，即人文社会学科图书馆（纽约中央研究图书馆），表演艺术研究中心专题馆，黑人文化研究档案中心专题馆，科学、工业和商业图书馆[52]。法国国家图书馆中的手稿部、印刷品和照片部、钱币证章和古董部、地图和图表部、音乐部以及以表演艺术为专藏的阿桑那尔图书馆（ The Arsenal Library）都属于特色明显、颇具规模的专题馆。它们都是公共图书馆为满足公众多样性需求的积极探索和实践，是当地公共图书馆服务体系的重要组成部分[53]。

新加坡国家图书馆及其图书馆系统是亚洲地区发展较快也较为成熟的图书馆，其中的艾斯普尔图书馆（ Esplanade Library）即以舞蹈、音乐、戏剧和电影四个领域作为馆藏和服务特色，成为专题图书馆建设的成功案例。2013 年新加坡国家图书馆管理局所属的第一家以华人文化为主题的图书馆正式开馆，图书馆的设立和运作经费来自观音堂佛祖庙的捐款和唐城坊业主 CP1 私人有限公司，图书馆面积约 1 000 平方米，共有藏书 3 万册，其中约六成为华文图书。图书馆管理局总裁梁宝珠表示，之所以选择在唐城坊开设以华人文化为主题的图书馆，一方面是为了配合牛车水作为早期新加坡华人聚集地的历史特质；另一方面是因为 CP1 希望图书馆的定位能够与唐城坊的华人文化风格相辅相成。据图书馆服务管理高级经理黄美萍介绍，图书馆将始终遵循华人文化主题，举办讲座等各类公开活动，为新加坡民众打造一个感受华人文化的迷人天地[54]。

## 第四节 为什么选择构建专题馆？

专题图书馆是随着时代发展产生出的一种以某些群体为服务对象的图书馆，它的产生与社会经济、政治、文化发展密不可分，它也是未来图书馆发展的趋势。

### 一、文献资源——专精

专题图书馆建设，将文献资源由原来的分类集中改变到主题集中的文献资源建设上来。对于读者来说，读者并不熟悉图书的分类知识，他们更倾向于按照主题查找文献，所以主题集中更适合读者使用文献的习惯[55]。对图书馆来说，也是对传统图书馆馆藏文献建设的一个改变，传统图书馆采取大而全的模式，什么都收藏，什么都可以成为收藏的重点，图书馆之间形成文献收藏的同质化。随着互联网的发展，文献资源的共建共享成为发展趋势，也使图书馆之间的文献交换成为可能，促使各个图书馆都要求发展各自品牌收藏特色，求异的文献收藏成为发展趋势。对于一些专业读者，他们更需要文献资源馆藏向深度发展，能提供更精、更专的知识，而作为专业文献组织机构——图书馆必须通过专业人士把某一主题的文献集中在一起，使有个性化需求的读者能更快速、更便捷地根据自己的需求寻找自己所需要的资源，满足自己的要求。现代化的技术条件、个性化读者的需求促进文献资源更趋向专业化、精细化发展[56]。

### 二、培养人才——高深

在传统图书馆中，图书馆管理人员需要帮助读者查找文献、借阅文献、参考咨询等。传统图书馆中对馆员的要求更倾向于图书馆学、情报学专业人才，在读者服务中更倾向于图情专业的专业技能的掌握。而专题图书馆建设不仅指物理空间上的同一类别文献集中在一起，还要求这类文献中所包含的专业知识能传递给读者，它更要求馆员深层次的服务[57]。所以专题馆员不再局限于原来的服务模式，他们需要更多地深入了解文献，掌握文献中的专业系统知识，提供给读者某个专业的知识内容。由此对于专题馆员的要求，也由技能型人才向专业型人才转化[58]。浦东图书馆在建立专题馆时，每个专题根据设置的专业的不同配备不同的专业馆员，如法律专题配备法律专业毕业的大学生进行管理和建设，教育专题配备教育学专业毕业的大学生进行管理和建设。相对来讲，对专题馆员要求不但具有相应的图书、情报专业的技能，还要掌握本专题的专业知识。

## 三、管理机制——创新

传统图书馆一般由采访部门进行文献的采购以及加工，加工好的文献通过一定的程序验收到读者服务部后服务给读者。但专题图书馆在文献资源建设过程中，专题馆员相对来说在文献资源采访上有更多的选择性，她可以通过采访人员提供书目进行本专题文献的选择，也可以根据本专题的建设情况自己主动收集书目提供给采访人员进行文献建设[59]。在读者服务过程中打破以往图书馆分类排架的方式，可以根据文献资源通过便于读者使用的方式进行排架。在文献提供方面，专题馆员可以利用本专业的知识为读者服务提供更深层次的内容，不再局限于某种文献的提供，甚至对专业知识的提供，还可以根据自己的方式，进行文献推广活动。在专题图书馆中，专题馆员需要参与到图书馆一系列的业务流程中，它自成体系，可以说是一个小型的图书馆。它打破传统图书馆的建设模式，与图书馆各个业务部门进行联系，不论在采访文献过程中还是读者服务方式上更具有灵活性[60]。2016 年我国颁布总分馆体系建设文件以来，专题图书馆建设纳入了总分馆体系中，并以分馆的形式进行管理和运作。

## 四、人文文化——高端

专题图书馆要求馆藏资源和馆员素质更专业，更好地服务于专业人士或对本专题感兴趣的读者。专题图书馆建设有助于形成高端的读者群，通过挖掘潜在读者，与读者进行交流互动，把读者纳入到文献资源建设甚至图书馆建设中，利用读者的知识资源进行专题图书馆的建设，不但有效地利用了社会力量达到馆藏资源以及活动资源的优化，还通过读者渠道了解读者的需求，提高各类文献资源的利用率。通过与专业读者的合作，易形成本地文献资源的高端化，进而形成本地高端的人文文化氛围[61]。

## 五、业务服务——多元

传统图书馆服务模式是守着文献资源等读者上门，缺乏走出去主动服务的精神。而专题图书馆通过专业人士打破故步自封，通过举办各种服务活动，加大开放程度，实现阵地服务、流动服务、网络服务互为补充的立体服务，变静态服务为动态服务。以活动促进服务，即依托于专题图书馆的专题文献，充分考虑读者的需求及有这种需求的潜在市场，通过精心策划和准备，举办与专题图书馆密切相关的读者服务活动，以达到对文献的充分利用和对读者进行最广泛的宣传。例如，与地方文献专题文献相关的服装秀活动，与饮食专题文献相关的地方饮食文化展，与漫画专题文献相关的动漫节，与室内设计和室内装饰相关的建筑装饰沙龙活动，与地方戏剧文献相关的地方戏剧表演与欣赏活动等。甚至有些活动还可以引进市场机制，通过市场机制的促进，把活动做得更大、更好，影响更广泛。通过主动性、开拓性形成服务的多元化。

# 第二章
# 合抱之木，生于毫末：专题设置规划

如何合理地选择专题，这是建设专题馆时首先要解决的问题。公共图书馆与高校图书馆在专题设置规划方面存在较大的差异，这主要是由于服务对象不同、服务需求不同造成的。专题馆常见于公共图书馆，高校图书馆也有涉及专题建设，但更多是学科上的概念，在学科文献建设和学科服务上所呈现的特征与专题馆有类似，但也不尽相同。两者在服务群体上的差异，决定了读者需求的差异，在建设模式和服务模式上会有所区别。影响专题设置规划的因素很多，公共图书馆更多地从因地制宜的角度考虑，而高校图书馆更多地从学校的重点学科角度考虑。公共图书馆面向公众，读者范围更宽泛，本书更多地站在此角度进行论述，以上海浦东图书馆（简称“浦东图书馆”）的实践为基石铺开讨论，于高校图书馆而言，构建专题馆时在基于学科的基础上，亦可有所参考借鉴。

专题馆的建设没有统一形式，而需因地制宜、因馆制宜，并综合考虑所设专题的延展性，设置规划中最为核心、最有生命力的不是某种固定的形式或方法，而是专题馆建设思想中所蕴含的设置原则。专题馆的建设是一项系统工程，专题馆的建设模式、建设方法、建设重点很多，各馆在规划时可以选取适合本馆目标的路径去实践，体现自己的“专”，自成体系即可。

## 第一节 因地制宜做选题

专题设置具有明显的地域特色，不同的城市有不同的地域文化、不同的发展战略、不同的生活方式，所展现的地域特色自然不同。专题设置首先需要遵从的就是因地制宜原则，充分考虑图书馆所处城市的地域特点，突出城市特色。因地制宜作为一项基本原则是专题馆建设自身特点的必然要求。

因地制宜做选题主要包括三层意思：一是应注重地域性，根据当地的地理、历史、人文特征来选择专题；二是应依据所在城市的发展战略，选择可服务于城市发展目标的专题；三是应考虑融入当地生活方式，选择对社会生活有较强融入性的专题。在三个方向上，叠加效应越显著选建程度越高，也就是说同时满足三层意思的专题，在设置规划时优先级最高。经过层层筛选，“因地制宜”选择“符合当地特点”的专题。

### 一、适宜于地域文化

由于专题选择范围非常之广，只要文献规模适合，任一主题或领域都可纳入选择范围，所以从特色性来讲，适宜于地域文化显得尤为重要，仔细考虑当地政治、社会经济、历史脉络和人文渊源等各种综合因素，不照搬异地和他国专题规划，不赶时髦，脚踏实地地选择专题，以使我们选建的专题能充分而合理地利用当地的各种资源，尊重当地的文化传统，继承当地特色，从而具有独特性，并考虑在未来服务这种

“表达”上，采用合适的服务方式能传递出图书馆专题与当地文化氛围之间的和谐统一关系。按唯物辩证法的观点，一切从实际出发，实事求是，主观符合客观，是我们正确认识世界和改造世界的立足点，也是我们进行专题设置规划的哲学依据。因此，因地制宜地选择适宜于地域文化的专题，在主观上的规划与客观实际相结合，这一条件应贯彻于专题设置规划的整个过程。

我国文化区域性强，文化明显地呈现出地域的差异，也是中国文化多样性的表现，显然不适合采用单一的专题馆建设模式。注重文化的空间分布和地域差异及各地文化的特点和亮点，只有了解了所在区域现状，这个“地”，才能“制宜”，制订出比较科学、合理的专题设置规划。在专题设置详细规划的过程中，除了遵从上述的哲学依据外，其理念定位、建设重点及服务项目等内容都应在了解发掘当地历史、人文资源的前提下再确定，充分了解当地现状，设置体现当地特色的专题。专题馆在形式和内容上没有统一的硬性要求，可采用多种存在形式、多种发展模式，从当地传统文化中摄取精髓，专题设置规划与地方特色相结合，也有助于传播地方文化，有益于延续地方文化，将各地区浓郁的文化观与专题馆设计理念相结合，通过各具特色的建设模式体现地方特色和文化内涵。

那么再进一步来讲，图书馆要促进区域文化发展，也需先做好地域特色文化的建设工作，专题馆构建与服务恰恰可使图书馆在建立地域特色文化方面发挥积极作用。地域特色文化是城市文化中不可或缺的一部分，也使得城市文化具有了地域性的特征。地方文献是地域特色文化的重要载体，详细记录了当地环境变化、社会变迁、历史文化、经济发展等各种要素，能够为区域文化发展提供重要的依据。地方文献的涉及面很广，包含了政治、经济、文化、历史、人物、民俗、建筑等内容，专题馆发挥文献收集、整理、整合的优势，可使其成为区域文化发展的重要资源，从而发挥传播地方文化、促进区域文化发展的主动性。

## 二、适宜于城市发展战略

事物的发展都是相互作用的，图书馆与城市发展正是如此。图书馆的发展是一座城市发展的无声标志，是一座城市文化最为集中的展示，也是一座城市文化品质的象征；而城市的发展又成为图书馆发展的源泉和动力。这种城市发展与图书馆发展的互动关系和作用，在上海及中国其他城市乃至世界各国城市与图书馆的发展中得到了充分的证明。王世伟认为，城市图书馆的发展对于提升城市品质、营造城市文化氛围以及增强城市国际文化交流活力起着重要的促进作用。[62]

通常我们能看到的现象，一座城市发展越快，经济实力越强，它的文化氛围也越浓厚，相对应的图书馆的发展水平也越高，城市发展对图书馆发展有推动作用，而图书馆的发展离不开城市发展。图书馆是经济发展的产物，财政投入为图书馆得以持续发展提供资源保障，城市发展成为图书馆不断向前发展的发动机。

从另一方面看，图书馆对城市发展也发挥着巨大的促进作用，图书馆为城市发展增添软实力和文化助力，图书馆成为城市的文化象征和文明的标志，展示着城市的文化形象。随着图书馆事业的繁荣发展，一座城市的文化地标中往往少不了图书馆的身影，图书馆的建筑也成了城市的文化符号，图书馆的文献、服务逐渐成为一座城市不可缺少的文化要素。

城市发展和图书馆发展是齐头并进的，从本质上来讲，是经济与文化的并进。人们在物质需求基本满足的基础上呈现出对精神需求有较高追求的现象，图书馆作为城市的文化活动空间，不仅是文化学习、知识交流的重要场所，还通过服务提升了城市的文化品位和文化内涵。

城市发展战略直指城市发展本身，专题馆是图书馆在特色化建设、文献重点建设方向上的选择，服务于城市发展战略是专题设置规划的一项原则，契合于城市发展目标的专题更具方向性和长远性，作为文化信息宝库的图书馆势必在城市发展中扮演不可或缺的主要角色。

## 三、融入都市生活方式

当今，世界所有地区都正在一步步地走向都市化。都市社会生活结构是一定地域空间内的社会群体，在生存与发展的实践活动中按照一定的规则与秩序形成相对稳定的关系。都市社会生活结构包括都市的人口结构、家庭结构、就业结构、城乡结构、组织结构、制度结构以及群体的心理结构等。[63]

我国都市生活方式呈现出文化大众化、休闲普遍化的特点。西方大众文化带来的文化生活方式标准化，使文化不再是少数人或上层社会的精神食粮，而成为大众精神生活的一部分，使大众能共享文化大餐。公众需要一些能提高文化品位、文化素质以及满足智慧要求的大众化。在都市生活中，人们对休闲的期望越来越高，休闲日益成为人们生活中的普遍需求，人们认识到个人幸福、家庭稳定、健康等等都与休闲密切相关。

上海这座都市，中西文化交相汇合，反映了上海人民开明开放、趋时求新的文化性格，对于新颖、独特和外来事物有着较为积极的态度和较好的接受程度。人们对美好生活的追求，让图书馆成为满足不同阶层、不同人群都市生活的精神需求，构建美好生活的第三空间。从融入都市生活方式的角度做专题馆选题，正是满足人们追求美好生活过程中精神文化和休闲娱乐的需求，为人们提供都市社会生活空间，唤起人们对生活的热爱。

## 四、浦东图书馆选题方向

上海是地处我国东南沿海的一座国际性大都市，上海文化是中国区域文化重要的一部分，上海作为中心城市的崛起，使诞生于江南文化土壤之上的上海文化的地位迅速上升，成为辐射和引领江南文化的核心源，人们经常称上海文化为“海派文化”，趋时求新、中西交融、商业意识、市民趣味成为近代上海文化的主要特点。[64] 1990 年 4 月 18 日，中共中央、国务院宣布开发开放浦东，1993 年 1 月 1 日，建立浦东新区（简称“浦东”），成为中国改革开放大潮中的第一个新区。[65]浦东使命光荣，责任重大，勇当“排头兵中的排头兵、先行者中的先行者”，推动了上海城市的发展繁荣，“浦东”这个词在人们的印象中一直是新区的概念，但从渊源上追溯，浦东已经有上千年的历史，通江达海的浦东是海派文化的重要发源地之一，所以浦东不只是新区，同时具有很深厚的历史文化积累。

浦东图书馆在因地制宜做选题的时候，立足浦东、兼顾上海，从历史人文、社会环境、经济特点、读者需求方面对专题馆进行定位，体现个性、特点和优势。在宏观上，与上海的发展战略紧密相连，从国际大都市的角度出发，图书馆应体现国际化、与世界接轨。专题馆与都市生活方式密切相关，力求所设专题有独特性、有发展空间、有发展优势，使专题馆的专题分布尽量合理。浦东图书馆在专题设置规划时圈定了以下 12 个专题方向纳入选题范围。

### （一）地方文献专题

地方文献是一个地区历史、文化、经济的记录和反映，在图书馆的地位和作用无须赘述。浦东地方文献是浦东地区政治经济、科学文化等各项事业发展的历史记录和重要信息来源，也是浦东图书馆为政府机关和社会各界开展信息咨询服务的丰富资源保障。

### （二）金融专题

从浦东的发展战略来看，具有上海国际金融中心浦东金融核心功能区的战略定位，利用浦东新区金融资源集聚和陆家嘴金融城的区位优势，专题馆应服务于上海建设国际金融中心的国家战略。另外，从大众读者的需求来看，专题馆可服务于读者生活中的投资理财、融资借贷、理财规划等金融需求。

### （三）航运专题

上海建设成为具有全球航运资源配置能力的国际航运中心这一发展战略也是以国务院文件的形式明确的国家战略定位，浦东具有作为航运中心核心功能区的地域优势，专题馆可服务于完善上海国际航运中心的软环境，以期服务于浦东，服务于上海，服务于长三角地区、长江流域。读者需求主要来源于从业人员和航运专业的学生。

### （四）科技专题

“十三五”国家科技创新规划提出，以到 2020 年我国公民具备科学素质比例超过 10%为目标，广泛开展科技教育、传播与普及，提升全民科学素质整体水平，并且在国家经济和社会发展第十三个五年规划纲要中也有提及。同时，浦东定位上海科技创新中心核心区，正在建设具有全球影响力的科技创新中心。专题馆设立科技专题，可传播科学知识，在倡导人文精神的同时倡导科学精神。

### （五）城市治理专题

城市发展面临着越来越多的挑战，世界对城市发展的关注度越来越高。城市让生活更美好，美好的城市离不开卓越的城市治理，上海作为国际大都市，城市高质量发展、高品质生活、高水平管理的重要抓手就是城市精细化管理。构建包括城市政治、城市经济、城市文化和城市社会“四位一体”的专题文献，为政府管理人员、城市治理专家学者服务，对标国际最高标准、国际最好水平，让城市更有品质更有温度。

### （六）干部学习专题

浦东图书馆与中国浦东干部学院毗邻而居，中国浦东干部学院是党中央为适应新时期大规模培训干部、大幅度提高干部素质的战略需要决定成立的国家级教育培训基地。干部学习专题可作为浦东图书馆与中国浦东干部学院的合作共建项目之一，建设内容涵盖马克思主义中国化、经济、金融、社会管理等社会科学相关领域，重点建设具有政治价值和教育价值的红色文献。

### （七）艺术专题

在“文化强国”长远战略的时代背景下，为满足人们对美的向往和追求，为展示艺术精华可建设艺术专题文献。它把人类文明历史中的艺术精华集中呈现，体现出对艺术创作的敬意以及对艺术财富的自豪，也体现出图书馆文献建设专业性的自我要求，首先确保研究级文献的收藏，也收藏普及型、一般性艺术读物。重点建设传统艺术门类（传统绘画、书法、篆刻、戏曲），传统艺术也是艺术门类的精华，有着深厚的积淀，另外，传统文化、传统艺术的复兴，获得了来自官方的支持和民间的拥护，传统艺术文献是读者阅读渴求的一个重要方向。

### （八）生活·时尚专题

“生活·时尚”反映了人们对某种生活方式的认同和追求，也反映了社会风气并代表一定的社会价值标准，同时又是人们个性追求、自我实现的一种方式。生活·时尚专题服务于人们对美好生活的向往，使图书馆更好地融入到百姓生活。其主要分为“生活”和“时尚”两大板块。

### （九）国际博览专题

上海建设国际化大都市就要有国际化的视角，提供世界各国以及重要国际组织的政治、经济、文化、科技、地理、历史、军事、农业等情况，普及世界各国家、组织、民族的信息，提高市民文化素养，旨在为人们开放一个增进了解、促进学习的窗口。建设重点应在与我国发展有较密切关系的美国、法国、德国、英国、俄罗斯、印度、巴西、加拿大、日本、韩国等，以及一些在世界上著名的、有一定影响力的人物自传及相关介绍。

### （十）教育专题

联合国教科文组织坚信公共图书馆是传播教育、文化和信息的一支有生力量。图书馆是广泛进行社会教育、普及科学文化知识的场所，图书馆的社会性、学术性和服务性使教育职能显得更为突出、更为重要，浦东图书馆在终身教育体系中应有所作为。为推进均衡化、一体化、国际化方向的浦东教育发展，促进全国社区教育实验区建设提供助力，满足市民终身教育的需求而设置教育专题。

### （十一）法律专题

法律文献是社会大众在生活中的一种重要资源，专题馆应为个人或社会群体的自由决策提供基本条件。可提供集法律文献资源、法律信息服务与法制信息宣传于一体的法律平台，具有综合性和专业性相结合的特点，为来馆读者提供法律类的信息咨询服务，为此行业的研究者提供高层次的研究支持。可提供政策解读和法律咨询，增强全民法治观念，传播法律文化。

### （十二）参考专题

为保存资源、提供社会服务而存在的参考文献，可为读者提供常识性或专业性的参考指示，涉及的馆藏学科门类齐全，古今中外汇集，包含工具书、参考资料，诸如中外文字（辞）典、古今书目、中外文图书报刊索引、文摘、百科全书、中外历史名人、地理资料、中国大型年鉴和国际社会重要年鉴。专题特色体现在港澳台文献、哲学宗教、明清及民国以来的历史文化方面建设较为丰富的珍贵典籍。

## 第二节　因馆制宜做选题

因馆制宜是在因地制宜之外又一照顾地方特点的选题原则，在专题设置规划的过程中，我们不仅要认识图书馆的共性，更应注重图书馆的个性。从改革开放到今天，各地区图书馆发展不平衡已是众所周知的事实，同一地区不同级别的图书馆之间差距也是客观存在的，即使是相近或相邻地区，甚至是同一地区同一级别的图书馆，尽管在政治、经济、历史、人文等地方特点上大体相同，但由于各馆在馆龄时间、经费多寡、发展目标、人员结构等方面的不同，都存在馆情的差异。

选题是专题馆建设的关键环节，选题精准是专题馆成功的先决条件。专题设置规划不可笼而统之，以一方而治百病。每个馆的性质、特点不同，抓住自己的特点建设专题馆，“百花齐放”地发挥积极性和创造性，适应自身条件、实际需要，有重点、有取舍，按照自己的天时、地利与人和来建设专题馆。

## 一、充分考虑建设基础

各图书馆的基础与条件不同，专题馆从源头上是由图书馆的专藏室、专题阅览室发展而来，这是图书馆在一定时期积累的馆藏重点，这一坚实的馆藏基础成为专题馆建设的一个有利条件。选择在自己馆藏方面有较大优势的专题建设，不仅可以利用原来已有的积累，还可使原有的优势继续进行功能拓展，有了自己的特点才有竞争能力，一个好的选题可以达到事半功倍的效果，并且可以避免不必要的浪费。

馆藏基础在“硬件”上为专题馆建设提供了初步的物质条件，在选题上具有较强的实用性、针对性，从实际出发必然主要选择本馆已有馆藏重点作为自己的特色，可以是面向公众的研究性的专题领域，也可以是专深的、纯理论性的学科领域。专题设置上，某一专题的涵盖范围要适度，既不能过于宽泛，也不能过于狭窄。适度的专题类目，决定着适度的文献量规模，过于宽泛的专题其文献量规模过大，在文献数量上和质量上的建设都有一定难度，很难体现“专”，过于狭窄的专题其文献量规模过小，服务对象也会太过小众。

读者需求是专题馆建设的“软件”基础，读者需求是图书馆一切工作的出发点，有需求才是专题馆存在的价值和意义。本馆历年的读者调研结果，也是专题的建设基础，做详细的分析研究，了解在国内有无重复或类似的，若选建国内已有专题，需考虑在本地区是否有需要建设，结合考虑文献量规模是否合适，以及用户需求量的大小。分析需求、切合需求去规划专题设置，是专题馆能长远发展的根基。

## 二、以馆发展目标为指向

近年来，随着高校的扩招，高校毕业人数逐渐增加，图书馆在不断招聘的进程中，人员素质也在逐年提高。在这种形势下，图书馆的人员结构正逐步向知识化、年轻化发展，这也正是图书馆各项业务得以向前发展的动因，图书馆的发展目标在这样的环境中也有所提升，格局创新、知识创新、服务创新成为图书馆发展的迫切需要和必然要求。图书馆在发展目标上有了创新的需要，必然会追求自己脱颖而出的特色化发展之路。专题馆的建设，成为了一种选择。

专题馆是图书馆“特色”的一种表现形式，与普通的图书馆业务相比有特殊之处，它是图书馆这一整体中独具特色的那一部分，是图书馆的有机组成部分，因此，专题馆的选题规划必须以馆的发展目标为指向。从发展的角度看，契合馆发展目标的专题建设，可以走出更好的特色化之路。

每一所图书馆都有自己的发展目标和重点发展方向，各馆不同，专题馆应根据所在馆的目标方向中涉及的因素来确定专题建设目标，在充分了解馆情的基础上，制定符合本馆需要的选题，这是专题馆建设取得馆领导支持或上级主管部门支持的先决条件，反过来可以更好地指导专题馆工作。

## 三、思考浦东图书馆专题馆发展定位

专题馆是个内容丰富的概念，也是新生事物，相较传统图书馆而言，专题馆的业务功能不是单一性的条块，而是复合型的功能集成，即所谓“麻雀虽小五脏俱全”。浦东图书馆专题馆是伴随着新馆产生的，图书馆新馆内部机构的设立，专题馆作为其中之一的部门，与其他部门之间在传统业务角度存在交叉，怎么做好专题馆的业务定位和发展定位，成为必须思考的一项课题。

### （一）创新性发展

专题馆在业界是一种新的存在，没有固定的模式可遵循、没有套路，已有的示例还不能称为范式。应然是什么状态？怎么去定位未来的发展？需要去摸索、去创新性发展，也许以后走出来的路就成了业界的范例，“创新”成为专题馆发展的基本要求。

浦东图书馆专题馆是以“馆中馆”的形式设置，在图书馆内部机构上是一个独立的部门，在服务区域上以馆内集中的专题区域形式存在。在专题馆建设初期，以专题文献建设为着力点和出发点，以专题文献服务为基本服务项目。在专题文献建设上，以品种建设为目标，在服务方式上，以阅览为主。在文献达到一定规模后，开展专题服务项目，并使专题服务得以常规化和持续化，通过文献、服务体现特色和创新，集聚各专题读者群。

### （二）差异化发展

第一，体现在与馆内其他业务部门的差异，涉及专题设置上以及业务架构上的错位发展。在文献建设方面，与采编部的工作划分；在文献服务方面，与读者服务中心在深度的区别；在内容建设与服务方面，与信息情报部的异同；在读者活动组织方面，与阅读推广中心的侧重点区别。第二，与专业性院校或高校的学科服务之间的差异。服务对象不同、服务效果不同，服务目标也不同。第三，上海图书馆计划在浦东建设东馆，上图东馆目标定位为“第三代图书馆”，是以交流、共享为中心理念的空间的概念，与之差异化发展也是浦东图书馆地处浦东的责任。

### （三）特色化发展

专题的设置，体现出图书馆的资源特色和服务特色。在资源上，打造浦东文献特色，不仅仅局限于地方文献，包括每个专题的设置，回溯过去的，建设现在的，预测未来的。特色化建设，需要历史眼光，站在未来看现在，现在的专题文献建设不仅是现在的馆藏特色，也要成为若干年后浦东图书馆的历史积累和特色。在服务上，围绕着文献特色去聚集读者、开展文化活动、进行研究型文献的阅读推广。浦东图书馆是公共馆，就公共馆属性而言，要体现出专业性和社会性。

## 四、浦东图书馆专题馆调整历程

物竞天择，适者生存。图书馆在变革，在一场无法回避的无情竞争中成败的关键在于找准位置，把握好方向。浦东图书馆专题馆是以文献集约化、服务特色化的形式努力满足社会发展需求、浦东战略需求和公众阅读需求的产物。专题馆的实践是“摸着石头过河”，在规划阶段很难有完全的把握，在实行一段时间后，再做比较做出适当调整。在实践中改进，在实践中思考，建设初期是最佳的调整时期，对由于种种原因未能达到预期效果的专题可进行调整，宁专勿全，专有所长，舍全求精。

浦东图书馆专题馆建设如火如荼地向前推进，专题文献规模日益丰满，专题服务初见端倪，在实践中更看重特色积累和服务效果，更看重社会效益。浦东图书馆专题馆经过统计调研—馆内多部门研讨—形成调整思路—邀请专家论证—岗位竞聘等一系列过程，对专题馆建设初期的12个选题方向进行了筛选、调整，进一步精准专题设置。

### （一）读者调研

为了基于读者需求来完善专题建设工作，专题馆对读者利用专题文献情况进行了抽样统计，以此作为数据样本，并结合长期的现场观察，采用数据统计和经验分析相结合的方法，总结归纳出专题文献的阅读热点以及专题读者的阅读需求，为专题文献调整和专题文献今后的建设重点提供依据。

### （二）召开专题会议研讨

浦东图书馆历经过一次大规模的服务格局调整，普通借阅图书全部并入上海市中心图书馆“一卡通”系统的工作启动后，总体馆藏文献布局也需适应新环境而做适度调整。面对新的服务格局，专题馆不仅要考虑专题建设和服务，还需承载浦东图书馆经典文献的典藏和保障功能，在典藏布局上增加了新的功能定位。

浦东图书馆从馆级层面组织召开专题馆建设研讨会议，多个部门共同商讨普通文献并入“一卡通”后的文献调整与布局，专题馆作为浦东图书馆馆藏阵地成为此次会议研讨的重点，专题馆如何成为浦东图书馆的馆藏特色、经典保障、服务增长点等成为热议话题。经过集全馆之力的集思广益和建言献策，逐渐勾勒出专题调整的框架。

### （三）形成专题调整思路

根据专题文献读者利用情况的部分调研结论和专题研讨会的重点内

容，经过几个月的多次沟通，进一步对专题设置的初衷、缘由、服务对象及发展定位做了深入思考，初步形成《浦东图书馆专题调整思路（征求意见稿）》，供专家论证和馆领导决策。基本思路是经过实践探索，对读者需求较少、效果不佳的专题进行调整，对读者文献需求方式不同的专题进行调整，对文献量规模进行调整，对人文科学占据压倒性数量而科学技术缺乏的方向进行调整，对专题馆在图书馆整体中所增加的功能定位进行调整，在不断探索中寻找更好的路径。

### （四）邀请专家开展论证

邀请上海业界著名高校馆和研究馆的专家，专家均具有图书资料系列高级职称，在高校馆或研究馆担任要职，具备很高的理论和实践水平。与会专家的论证主要集中在六个方面：第一，对专题设置方向开展讨论；第二，对设置专题的文献建设和文献服务提出建议；第三，对专题服务的努力方向进行讨论；第四，对用户培养及读者需求开发的方式给出建议；第五，馆员的发展空间怎么突破瓶颈；第六，对专题馆发展方向上的期许。经过专家论证会的讨论和思想碰撞，浦东图书馆专题馆的调整思路及未来发展方向更加明晰。

### （五）确立调整后的专题设置

选定：地方文献、金融、科技、教育、法律、参考。

撤并：航运、城市治理、干部学习、艺术、生活·时尚、国际博览。

（1）将航运并入参考，设立航运文献专架。航运专题的文献量规模较小、用户小众、普适度不够，设立为专题内的一个特色专架更为合适。

（2）城市治理、干部学习合并，增加党建等红色文献，设立红色文化专题。建成全上海首个红色文化阅读书房，为党员干部提供学习交流红色文化的平台，成为各类红色理论书籍的首发地。

（3）艺术、生活·时尚合并为艺术·时尚专题。“生活类”文献的借阅需求多，与普通外借重复，并入普通外借更合适。两个专题共性的类目较多，文献易重叠，集成合并更为合适。

（4）国际博览部分并入艺术·时尚，部分并入参考。对共性类目进行梳理，部分并入参考专题的外文专区更合适。

最后形成“7+1”专题模式，即地方文献、金融、科技、教育、法律、艺术·时尚、红色文化 7 个专题，加 1 个综合性的参考专题。调整后的专题设置规划类目更加清晰、定位更为精准、体量更为精致。

### （六）启动执行调整工作

在调整执行阶段，需要强调的一点，专题馆的建设不是一蹴而就，需要长期积累，建设初期进行相应的调整对整体格局或积累不会产生特别大的影响，可以说是调整的最佳时期，而在最佳调整期之后，最好能长期坚持下去，不可随意经常性更改，以免造成文献建设和服务的中断，专题馆优势无法形成。所以，专题馆建设所处的时期，对所采用的建设策略有所影响。在初期建设时，在调整上更多地侧重于读者，根据读者需要确定调整策略，无论目前文献建设到什么程度，不根据文献选重点读者，而是根据读者需要确定重点文献。专题调整只是对重点建设方向进行调整，已建文献的量不多也不会浪费，以另一种专架的形式继续建设，只是从重要性上放在了次重点。

确立好专题设置后，主要涉及三方面的配套调整。

1. 专题文献调整

根据调整专题进行文献建设和相应的书架调整工作，对于新建重点除了在原有馆藏基础进行抽取外，还需新购，并回溯文献建设。对于有撤并的专题，需要新建和撤销馆藏代码，对已建文献进行系统数据的转库操作。同步进行空间布局的调整。

2. 人员调整

根据专题设置调整人员配备，对相应的专题馆员岗位实行竞聘，配好人是今后专题服务发展的关键。通过竞聘的形式对专题馆员的素质提出更多更高的要求，从思想层面上提高认识，切实增强专题馆员工作的积极性和主动性，确保专题工作目标的实现。

3. 服务调整

按照“高起点、高嫁接、高质量、高口碑”和“有转优、粗转精、量转质、分转合”的目标，对专题服务进行梳理，取消小众性活动，在专题范围内针对大众开展读者活动。专题服务逐步向项目转型，以项目制的方式打造。在发展顺序上，十根手指还不一样长，八个专题齐头并进的发展对资源投入的要求较高，明确优先发展专题成为明智选择，拿出与地方文化紧密相连的专题优先发展，服务受众广的优先，首先集中优质资源进行集中打造，争取先出效果，其他专题再跟进一个一个发展。

## 第三节 服务体系中体现多层级

专题馆的服务是立足本地、面向社会的，不仅服务于本地区读者，也为全社会提供服务。提供面向大众的服务，这是一种难度，要想服务好每个群体，不是对所有大众提供完全一样的服务，用户群体如此复杂，如何有针对性地服务，需要在服务体系中进行服务细分，服务细分的基础是用户研究分析，分析用户结构、用户特征、用户习惯、用户需求等。基于用户研究的服务细分，才是有生命力的，围绕不同类型的用户进行资源配置和服务配置，才能更加贴近需求，产生最大的社会价值。

## 一、读者分层与服务管理

图书馆一切工作的出发点是为读者服务，满足读者不断增长变化的需要，是图书馆的社会责任。读者是由不同人群组成的，多层次、多序列的动态综合体。读者可以按年龄、种族、收入及财产情况、教育、职业、居住地区等划分为不同的社会类别，同一类别的读者，大体上有一致的价值取向、文化需要和对图书馆的个人诉求。图书馆拥有的读者群是多层次、多类别的，每个类别的读者具有不同的阅读心理和实际的阅读需要，图书馆在实际工作中必须充分考虑读者个体差异因素，采取相应对策予以满足。[66]

城市社会分层研究指出，根据改革以来人们利益获得和利益受损的状况，可以将中国人分为 4 个利益群体，即特殊获益者群体、普通获益者群体、利益相对受损群体和社会底层群体。第一个群体称为上层群体，第二个群体称为中层群体，第三个群体称为中下层群体，第四个群体称为底层群体。中国群体是一个底层大、中间层小的“金字塔形”结构。目前的现状，中间层是图书馆的主要用户群。[67]若再将城市分层进一步细分，中国存在十大社会阶层[68]，每个阶层拥有的社会资源、社会地位、生活方式、价值取向、文化素养、利益需求各不相同，形成由“小众”利益群组成的集合体，他们的追求和需要的多元化，要求图书馆必须进行读者分层研究，根据不同层次读者的特殊需要实行服务。

专题馆是图书馆整体的一部分，与其他内设机构部门的职能有互相补充的关系，并不要求专题馆一个部门满足所有层次的读者需求，但从整个图书馆服务体系上来看，专题馆的服务也不仅针对一个层次的读者服务，在单部门上也应体现服务的多层次。延伸服务部门主要对应基层服务，信息情报部门主要对应政府机构和重点读者的高层次服务，普通借阅部门满足大众借阅书刊，而浦东图书馆专题馆的定位是复合型的，从服务对象上来看，既有普通读者，又有重点读者，找准立足社会的结合点，选准服务项目，积极主动开拓特色服务，满足社会不同层次的读者需求，争创社会和经济两个效益。

社会需求是多层面的，专题馆具有社会性和服务性，在专题馆的选建过程中，需体现建设和服务的多层级，既有深度又有广度，发展基础性服务和深化深度服务相结合，以适应文献和读者都具有多层次性的特点。专题馆是对馆藏和服务两方面的深化、特色积累和呈现，具有提高服务水平和服务效益的表现，但跟专业图书馆的专业服务有所区别，专题服务是在普及基础上的提升，在满足大众读者需求的情况下，专题馆提供多层次、多能级的服务。

## 二、思考专题馆的专业治理

专题馆应关注窗口、文献、咨询、活动、研究等多方面的建设，注重科学设计规划组织架构，注重专题文献建设，注重业务梳理，注重服务创新，注意内部治理的专业化推进，最终落脚点在落实好规划的实践，走向专业治理。那么规划实践与专业治理怎么体现？

### （一）窗口基础方面，管理层面的专业治理

浦东图书馆专题馆的特点是区域面积大、书架的排放错落有致、读

者座位多，人员分散不能做集中式管理，排书理架人员的上架量不大但每人负责区域大理架量大，监控盲点多，门禁系统是 RFID 和磁针双门禁且门禁系统不能集成，这些特点都会带来管理上的难度。

窗口基础方面的专业治理体现在两点。第一，设计规则，给予指引。优化工作流程，完善工作规范，提高工作效率，确保各个工作环节的有效沟通，做到“制度管人，流程管事”。第二，提高执行力，关键在落实。检查、监督是一种必不可少的管理手段，但却不能是唯一手段，“监督+激励”才是正确的打开方式，可以在绩效上稍有体现。总体而言，人都是有惰性的，管理才成为必要，遵循刚性规则、柔性推进的原则，保持基础业务平稳运行，推进有序发展。

### （二）资源布局方面，内容层面的专业治理

专题文献建设由专题馆员进行甄选采购，专题馆员具有与专题相关的专业背景，对文献内容有一定的把握，这是专题馆的优势。但从另一方面讲，专题馆员对图书馆业务缺少了解，需要图书馆专业方向上的指引，提高针对文献的研究能力，了解文献建设规律，包括对出版社、知名作者的熟知度，各类型文献的建设比例（中文与外文的比例、纸质与数字的比例），对上游出版情况的研究和掌握。文献建设是有二八理论的，虽然健全不是绝对的，但对重点建设部分，是否全面需有考量要求，对内容精耕细作才能形成浦东文献特色。

### （三）功能拓展方面，服务层面的专业治理

各专题推进的服务项目应是各具特色的，虽有共性，但更需体现特性。每项服务的开展，都对应着特定的目标群体，体现着不同的服务层次。在功能拓展方面，无论是规划设计阶段，抑或是实施推进阶段，都

应注重专业治理。仅以专题文化活动的推进为例，是否体现出社会性和专业性，是否围绕着专题文献建设而进行，活动的主题内容是否与文献内容密切相关，活动是否成系列化、常规化、品牌化推进，所引入的社会资源是否能为馆所用等，这些都应在规划实践与专业治理中有所体现，将专业治理贯穿专题馆业务的始终。

### （四）实践研究方面，创新层面的专业治理

馆员不仅要会做事，还要会讲故事。面向谁讲故事？是面向同行讲故事。讲什么故事？是讲做出来的事。什么是讲故事？有所提炼、有所研究的讲好工作的事。这就是浦东图书馆专题馆提倡的实践研究，基于实践基础提升到理论研究，理论研究反过来指导实践工作。

调查研究是实践研究的一种实用方法，每年安排一个调研主题，根据调研结果研究调研主题，用研究成果指导未来工作。比如说，我们开展专题馆员的推介、根据读者结构情况来设计服务等，都是对调研结果的运用。当然，实践研究的方法很多，申报课题、发表期刊论文等都是可以采用的方法，目的是通过对馆员实践研究的引导，来推动、创新实践工作。

### （五）团队建设方面，部门文化层面的专业治理

首先，提高馆员专业素养。管理学上有个“古狄逊定理”告诉我们“不要做一个被累坏的管理者”，组织发展的最佳道路是依靠广大员工的积极努力、群策群力。所以需要做团队建设，做事是要靠人的，设备条件的提高远远没有员工专业素质的提高重要。浦东图书馆专题馆的情况与很多高校馆情况类似，某个专题做得好不好与负责的专题馆员关系密切。

其次，引导正能量的部门文化。一个有趣的定律叫“酒与污水定律”，意思是一匙酒倒进一桶污水，得到的是一桶污水；把一匙污水倒进一桶酒里，得到的还是一桶污水。馆员需要把“污水”这个负能量拴起来、容忍负能量的存在，但不能成为主导，在整体上引导正能量的部门文化。

## 第四节　设计专题文献阅读人文空间

现代图书馆的起源是图书俱乐部，源于人们讨论和交流的需要。图书馆是一个空间，一个人与人联网的空间，应成为有共同兴趣和工作内容的研究人员之间的连接器。不仅要提升图书馆作为物理空间的价值，还要进一步挖掘图书馆作为虚拟与实体高度融合的交流空间的功能，人、资源、空间三要素交汇，从人的资源与书的资源汇合，到人与人、人与信息的双向交互，再到虚拟与实体高度融合的交流空间，是期待的图书馆的最高境界。[69]“作为场所的图书馆”（Library as a place）和“作为空间的图书馆”（Library as a space）成为图书馆学界和业界热议的话题，图书馆的空间价值越来越受到重视，空间是一种重要资源，可以用来服务，但它不是文献资源的附属。

### 一、作为场所的专题馆

近些年，国外图书馆界对“图书馆作为场所”这一问题的研究兴趣剧增。这一问题之所以引起了国际图书馆学界的集中关注，其原因主要在于：一方面，信息技术的发展对“图书馆作为场所”这一基本概念的理解提出了严峻的挑战；另一方面，在 20 世纪 80 年代后的 20 年中，由于图书馆界普遍忽略了对“图书馆作为场所”这一概念的理解，使图书馆的管理者只强调图书馆作为物理空间的维度，而忽视“图书馆作为场所”这一精神空间的维度。[70] 在 20 世纪 80 年代末 90 年代初，有很多人相信物理形态的图书馆很快就会消亡了，而后来加州州立大学蒙特利湾分校在新馆开放时，曾打出标语“作为场所的图书馆”，这个象征意义表达了环境创造出的一种场所感。

专题馆本着“以人为本的服务模式”，根据专题特色进行专题区域人性化的设计和环境搭建，运用装饰手法营造人文化氛围，例如，艺术·时尚专题要有艺术性和时尚性，科技专题要有科技创新的感觉，使读者一旦进入专题区域就能知道此处是哪个专题，营造舒适、幽雅、活泼的环境，增强读者的阅读吸引力、阅读愉悦度和现场体验感，同时也提升了浦东图书馆的内涵价值，将浦东图书馆建设成读者和馆员的精神家园，使专题馆成为人们心里期望到达的场所。

## 二、作为空间的专题馆

图书馆和互联网都是知识交流的平台，前者更有利于人与人之间面对面的交流，而后者的交流更灵活，传播更广泛。图书馆应推进虚拟和实体空间的高度融合，使图书馆成为温馨亲和、信息通畅的知识交流空间，读者可以在这里获取知识、交流信息，还可以从这里连接到全国乃至全球更大范围的信息资源。[71] 所以，图书馆空间与图书馆物理场所有着本质的不同。

浦东图书馆的入馆人次持续增长，人们不断涌入图书馆，这种空间实体拥有了巨大的力量。但同时，也在提醒着我们不断思考，什么样的空间才是理想空间？我们很难概述这个问题的答案，因此尝试对专题馆的功能拓展进行思考，以期描绘出一丝轮廓。专题馆作为空间，为读者提供更多的是平台的概念，是人与人交流的平台、人与知识之间交流的平台、人与世界相连的平台、虚拟与实体融合的平台……对专题有共同兴趣的人们可以在这里有“独特的聚会”，互不相识的人们可以互相有连接，在这里你可能会遇到很多意外的机会，会从专题馆员那儿获得很多支持和帮助，体会与世界相连的融合感。可以由阅读主体空间与活动延伸空间共同构成，也可以是一个空间融入阅览、体验、交流、展示等功能，通过多元的、复合的空间建设，使不同载体的资源融合，实体和虚拟空间的融合，提供多功能的文化空间，走入人们的生活，突出空间也是一种资源。

# 第三章 专业人才的呼唤：专题馆员队伍

专业化的图书馆员队伍是现代图书馆的核心资源。发展路线确定以后，专业的人才队伍对于图书馆的发展将起着决定性作用。美国图书馆界普遍认为，在图书馆服务所起的作用中图书馆员占75%，馆员队伍是图书馆发展至关重要的因素。没有一流的图书馆员就没有一流的图书馆，这已成为一种共识。高素质的馆员队伍是图书馆内涵发展的重要推动力，而内涵发展对馆员队伍的知识结构、学术水平、创新精神和实践能力也提出了新的要求。我国高校图书馆等科研系统建立学科馆员制度最早可追溯到1998年的清华大学图书馆，是高校图书馆适应高等教育发展、成为一流的研究型图书馆和知识服务需要的必然产物，更多的是面向学科发展研究的高级对口服务，主要服务于教师和研究生层面。专题馆员更多见于公共图书馆，面向公众的普及基础上的提升服务，与高校的学科馆员类似，而服务对象、服务需求、服务侧重点的不同，有必要对专题馆员制度与服务做专门研究。

## 第一节 专题馆员制度规划

从用户利用专题馆的目的开始说起，有人把专题馆作为自主学习与探究的场所，有人将专题馆视为满足其咨询需求、文献获取需求的机构，有人把专题馆当成交流、互动的平台，有人将专题馆作为文化休闲场所。传统的服务内容、方式、途径乃至理念都需要转型发展，要求专题馆员去分析用户的需求，去探索满足需求的路径，去发掘自身潜力，去给个人的专业发展方向予以准确定位。

专题馆是图书馆特色化建设的产物，专题馆员是专题服务需求催生出的专业人才需求、岗位需求和制度需求。专题馆员从顶层设计上需从制度规划着手，认清角色定位、工作模式，构思岗位设置，推进人才聘用与培养，有助于面向大众实现研究型文献的阅读推广，向信息服务、知识服务转变，开拓文献信息的深层开发和利用，促进图书馆服务创新。专题馆员，可以说既是一种需求、一种服务，又是一种岗位、一种制度。

## 一、专题馆员角色认识与岗位设置

专题馆员与专题文献资源是相互依托的关系，专题馆员不适合脱离专题文献资源而独立存在，承担专题资源的建设者、组织者、导航者、文献活化经营者的角色，发挥文献资源在专题服务中的作用。图书馆馆藏的概念，随着信息网络技术的发展和知识载体的多样化而拓展了范围，不再是强调以纸质文献为主的馆藏建设，而是实体馆藏与虚拟馆藏并存，不再过分强调单馆“拥有”，更加注重资源的“获取”能力，专题馆员最基本的担当是制订科学、合理的专题馆藏发展规划，常规化建设各种载体的专题馆藏、了解可获取的专题资源，在多种知识载体并存、信息来源多渠道的情况下，在多种载体的资源间做出合理选择，以专题为对象对大量网络资源进行搜集、整理、链接与揭示，专题馆员以专题资源为基点合理发展和活化馆藏。

专题馆搭建平台的功能和作用日益凸显，在平台上实现各种资源的融合，专题馆员是平台的构建者，专题领域专家、资源、用户之间的中间人，承担专题资源的传播者、资源利用的教育者、用户培育者、专家引入者的角色，充分发挥好桥梁作用。在专题馆搭建的平台上，专题馆员需发挥凝聚力量，在复杂的大众用户中聚集专题读者群、开发专题读者群，做好资源的传播，指引读者查找所需要的最好的信息源，对用户提供资源有效利用的辅导和帮助，将社会资源、专家引入至专题馆的平台成为我们的共同体、同盟军，通过跨界合作共同发挥作用。

专题馆员是参考馆员很好的发展方向，参考馆员需要提高服务的深度和增值的能力，拓展发展空间。学科馆员是在参考馆员的基础上发展而来的，专题馆员亦然，专题馆员利用学科背景的专业优势，成为某一专题领域的文献专家，针对读者的实际问题提供卓有成效的服务，作为用户的好搭档，承担知识增值者、深度服务者的角色。专题馆提供多层次、多能级的服务，参考咨询向纵深发展，专题馆员也需承担提炼、加工、成果出版等专题研究的高层次服务，发挥其学术价值和增值价值。

“专题馆员”这样的新生事物，需要我们客观看待、科学对待，通过对角色的认知，在实践中需要循序渐进的推进，先设立重点建设专题，集中优势力量，由点及面，有利于提高质量。通过不断实践、不断创新、不断完善，形成适用于本馆的专题馆员岗位设置。专题馆员岗位设置，是为专题馆员创造生存环境的起步条件，起步阶段每个专题设置一个专题馆员岗位为必备基础，服务对象以整个专题或学科大类为单位，发展阶段可对专题更加细化，专题内分方向设置多个专题馆员岗位是促进业务深化的趋势。

专题馆员是专业馆员，未来发展以专家馆员为目标。在国外，专业馆员具有很高的社会地位。专家有三种：行政家、理论家和实践家。问题在现场，一线的馆员就是图书馆专家中的实践家。作为专家中的实践家，其是在实践中锻炼，在实践中成长，在实践中干出来、成长起来的。[73] 专题馆员面向大众，岗位设置于一线部门是一种方向性的选择，专业馆员、专家馆员走出“深闺密院”，以开放、便捷的姿态走近用户、拥抱需求。专题馆构建以专题馆员为核心，配备“专题馆员—咨询馆员—文献整理辅助人员”的人员梯队，每类岗位在业务上各有侧重，又相互交融，既有分工，又有合作。

## 二、专题馆员聘用与培养

对于专题馆来说，专题建设的好坏成败在于有没有一支好的队伍。专题馆将专题馆员视为第一资源，专题馆的专业品质需要一支素质过硬的专题馆员队伍来支撑。过去，我们太注重馆员的综合素质，最好希望馆员是个全才，要有相应专题的专业知识底蕴，具备知识判断和评价能力，要有丰富的图书馆学、情报学、信息学基础知识，要善于捕捉、发现、筛选、提取、鉴别和组织最新文献信息，具备对资源的深度开发与建设能力，要熟练掌握网络化的服务技能、成为网络专家和网络资源导航员，要具备良好的职业道德和勇于创新的精神，还要有外语、营销等综合素质。实际上，这样全方位的复合型人才毕竟是少数，在实践工作中很难找到，即便找到也很难留住。

这就提醒我们注重专与博的统一，图情专业人员对其他专业学科不甚了解，其他专业人员对图情专业知识也了解甚少。同时对二者精通的人员很少，专题馆员的聘用受到很大限制。故此，浦东图书馆在专题馆员聘用上注重专业背景上的二选一，具备相应专题的专业知识或图情专业知识，专题的专业知识是内容、图情专业知识是手段，二者结合才能提升质量，专业背景二选一后，缺少的另一项专业知识及其他素养要求采用在实践中培养提升的方式，逐渐完善专题馆员的知识结构。培养出的一专多能者可以为读者提供更多的优质服务，以适应新时代多学科相互渗透、综合发展的趋势。

浦东图书馆专题馆员有两种入岗渠道：一是以专题馆员为招聘岗位，对外招聘或事业单位交流合适的馆员；二是馆内竞聘，从馆内选拔合适的馆员。

浦东图书馆专题馆员岗位要求：①负责相应专题的文献资源建设；②深入了解专题读者群的信息需求，负责专题读者群的开发；③开展专题咨询服务，负责需求分析和服务设计；④多种渠道宣传推广专题资源与服务，与专题读者密切互动，掌握专题资源及其利用情况；⑤策划和组织相应专题的读者活动，推进新的专题服务形式和服务渠道；⑥参与专题咨询台值班、巡视及专题排书理架等基础性工作；⑦编写、更新相关专题的读者参考资料；⑧开展相关专题的图书馆学术研究工作；⑨服从组织安排，完成馆和部门交办的其他工作任务。

浦东图书馆专题馆员岗位条件：①研究生学历优先；②具有竞聘专题相关领域的专业背景知识、从业经验或图情专业知识，熟悉相关领域的发展趋势；③具有较好的人际沟通能力和团队合作能力；④具有对用户需求和相应专题业务的研究能力；⑤原进馆招聘时，报考专题岗位者优先。

在专题馆员正式入岗后，浦东图书馆馆长会为各专题馆员颁发聘书，充满仪式感的聘任程序让专题馆员在馆领导的重视下，满怀感恩、热情洋溢地开启创新发展之路。

选拔人才，建立一支强有力的专题馆员队伍。专题馆的发展是一项难度大的新课题，能否办好，很大程度上取决于人的因素。专题馆员的选拔方式有多种，可以引进、招聘需要的人才，也可以内部选拔一些业务素质好、工作能力强的馆员来培养，在选拔机制下能选拔到“凤毛麟角”的全方位复合型人才最好，能从馆内挑选素质相对较高的人员也好，他们自身专业素养的缺乏需要配套的培训、培养制度来帮助专题馆员的专业成长和服务素养的提升。除了专职的专题馆员，也可以考虑聘任不同部门的人员为兼职专题馆员，最终形成一套适合本馆专题建设与服务的专题馆员制度。专题馆需要优质人才、复合型人才，而一旦建立了专题馆员制度，那么势必也让那些有所专长的馆员有了用武之地。

“工欲善其事，必先利其器”，专题馆员的培养需要制度保障，在图书馆人才培养制度下，专题馆员有自己的长远发展计划，在远景规划的指引下，实行差异化培养机制，拓宽多层次人才培养渠道。随着图书馆人才专业化、适用性要求的提高，多学科复合型人才最能胜任专题相关领域的需要，因材施教、用人之长避人之短的“差异化培养”是适用型人才培养的必由之路。对照专题馆员岗位的能力素质要求对现有专题馆员的素质缺项有针对性的培养提升，根据不同层次、不同需求进行培训，所谓“缺什么补什么”，当然，在短时期内培养出一批专业化、复合型的专题馆员队伍是不可能的，逐步完善、逐步提升综合素质是解决之道。

专题馆员的专业背景复杂且多样，特别是近年的新馆员，馆员的角色向多元化方向延伸。专题馆员的培养不仅应关注主体的个性、能力、兴趣、自主性、自觉性等主体价值，而且凸显以人为本和能力本位价值观。从这个意义上讲，专题馆员要想更好地完成工作，需具有自身的不可替代性，采取多元取向的专业发展模式。诸如专题馆在研究型文献阅读推广中所要发挥的引领作用，是一种使命，对专题馆员的视野和格局提出了更高的要求。

## 三、专题馆员工作模式

### （一）服务模式

图书馆的服务对象非常广泛，各行各业都有，读者来自各个领域。在这些读者当中，有相当一部分读者是某个领域里的骨干或精英，他们为了研究某一个领域的课题，往往需要大量的资料，但囿于时间紧任务重，到图书馆来借阅图书，都希望能方便准确快捷地找到自己所需要的文献信息。另外，一些准专业人员、对某领域感兴趣的读者在知识的海洋里搜寻资料，颇觉困难，同样需要得到专业性的指导。还有的读者需求专业性强，需要该领域在国内、国外占有领先地位的专业资源。[74]毋庸置疑，图书馆设置专题馆员很有现实意义，鉴于此，专题馆员的工作模式是传统参考咨询服务向纵深发展的结果。

专题馆是以专题为中心的建设成果，专题馆员采用以专题为中心的服务机制，采、藏、阅、借、咨、研一体化的工作模式，提高各种资源按专题获取的集中度和使用效率。专题馆员为读者提供多层次的服务，一体化的工作模式下，专题馆员不仅具备图书馆员应有的服务素养，也应对自己所负责的专题有着较深的专业技能，才能够做好开发专题文献工作，更高层次地服务于读者。只有对某个专题或某个领域有较为深入的研究，对该专题的国内外研究现状及发展水平有比较详尽的了解，熟悉各类信息源，善于把握新动态、综合分析和专门研究，进行创造性的知识增值，才能够满足信息时代专业人士对专题馆的要求。只要是专题领域的需求，专题馆员提供“一揽子”服务模式，从最基础的文献服务到创新性的增值服务，多层次满足读者需求，勇于开拓创新，促使馆员知识结构向多层次、综合化方向发展。

专题馆服务是一项具有较强综合性的活动，岗位设置于一线的专题馆员，每周一至周五不少于1天、每周末1天在专题馆咨询台值岗，解答读者的各种问题，非值岗的工作时间也处于待命状态，咨询台有呼唤时随时提供专题服务。平衡专题馆员的前台时间和后台时间，既能服务于一线，又能有充足的时间开展研究性工作，实现前后台兼顾、互动的工作模式，才可能在专题建设与服务工作中得心应手。另外，可以以项目制的工作模式或以具体工作目标的任务制工作模式，召集兼职的专题馆员发挥补充辅助的功能。

### （二）管理模式

柯平教授将我国学科馆员的组织管理归纳为三种管理模式，挂靠式管理模式、分散式管理模式和集中式管理模式。[75]参考于此，理解专题馆员的管理模式，挂靠式管理是将不同部门的专题馆员，业务统一挂靠某部门，挂靠部门实施业务管理，特点是岗位分散、业务集中，岗位与业务两条线管理；分散式管理是不同部门的专题馆员由图书馆建立的协调组织进行业务管理，特点是岗位与业务一条线分散管理；集中式管理是在图书馆建立独立的专题部门管理，特点是岗位与业务一条线集中管理，为专题馆员向专业的纵深方向服务与发展提供良好的条件。

浦东图书馆专题馆采用专题馆员集中式管理模式，建立起与以往不同、突出专业性和服务综合性的全新管理模式。专题馆提升自己竞争力的核心是如何留得住人，人心所向为留人之根本，良好的工作氛围、团队意识、工作成就感和凝聚力提升馆员的归属感，为馆员争取职级晋升、职称晋升和专业素质提升的成长空间，激发专题馆员的进取心和向上的力量。馆员内在的专业素质、境界、格局和外在的礼仪都会对读者产生一种文化上的影响，直接关乎专题建设与服务的实际效果。在

《专题馆员管理规程》制度中明确义务和权利，评估上采用记分制，按照建设项目、服务项目、产品成果等类目记分值后综合评定。专题馆员工作复杂，有很强的专业性，具有不可替代性，有明确的管理办法更利于吸引人才、留住人才，专题馆员制度也真正落到了实处。

## 第二节 促进专题馆员专业成长

馆员专业成长的内涵是什么？专业即专门性职业，而非学校的学业门类。专题馆是学术性的服务机构，馆员具有专业的不可替代性。馆员的专业成长是从一个“普通人”变成专业馆员的过程，具体讲就是在个人的图书馆职业生涯中，依托图书馆专业教育和图书馆组织，通过终身专业学习、训练和探究，习得并提高专业知识与技能，实施专业自主，形成职业精神和道德，不断提高个人的职业素质和用户的满意度，成为一个合格的图书馆专业工作者。只有建设一支新型的图书馆专业队伍，才能不断地促进专题馆的发展。

### 一、建设专业队伍的条件搭建

#### （一）构建专题馆员专业成长的环境

有利的环境包括以下几方面：

（1）图书馆组织务实、准确的定位，提供方向性。图书馆作为一个组织要允许、支持和鼓励馆员个人专业成长。

（2）科学的管理制度。人事管理制度，还包括馆员培训与发展、评价与奖惩、绩效制度等。

（3）管理制度的有效实施。提供有助于馆员专业成长的岗位，并且尽量给予其专业学习、探究所需要的时间；塑造健康的图书馆文化，形成一个爱岗、敬业，在专业上持续发展的氛围；在政策上向有专业发展潜质和积极投身专业发展的馆员倾斜。目前，我国大多数图书馆尚不完全具备专题馆员等高素质馆员生存的环境，构建有利于人才成长的环境、创造条件培养人才，是我们图书馆界现阶段努力的方向。

澳大利亚非常重视馆员专业成长问题。澳大利亚图书馆学情报学协会发布了专项报告，涉及 191 个图书馆的馆员专业发展状况。绝大多数图书馆制订了专门的馆员专业发展规划，图书馆馆员专业发展被纳入图书馆的整体战略性发展规划中，有专项财政预算支持。2/3 的图书馆开展了图书馆服务质量测评，并利用评估结果调整馆员专业发展目标。多数馆员乐意参加专业发展活动，馆员专业发展活动有许多项，其中最为常见的是导向培训或入职培训。99%的图书馆馆员感到所在单位鼓励并且支持馆员的专业发展活动。[76]

### （二）鼓励馆员多元化发展

心理学已经证明人是有差别的，这不仅体现在个人的能力和兴趣，而且体现在个人的知识背景和专业发展的取向上。正确处理馆员个人专业成长与群体专业发展的关系，图书馆不同岗位的工作也是存在差异的。在共同的专业发展价值取向的基础上，根据个人的具体情况和优势实现其专业成长。比如，有的人科研能力强，有的人读者工作经验丰富，有的人计算机技术娴熟，有的人善于协调工作中的人际关系……专题馆员制度是为满足专业需求而设立的服务制度，为用户提供个性化、专业化、深层次的优质服务，对馆藏资源和人力资源的开发和利用起到了积极的促进作用。馆员立足个人优势、扬长避短、结合各自的岗位任务去实现专业成长，图书馆组织应该鼓励。

### （三）设计“馆本培训”计划

图书馆要从本馆的实际情况出发，从人力资源的实际出发，从面临的具体问题出发，结合本馆用户的实际与需求，制订“馆本培训”计划。“馆本培训”是以馆员为主体，主要为解决本馆服务、管理和建设实践中遇到的实际问题而进行的岗位培训，其目的是提升馆员个人职业素质和改进图书馆工作的品质，从而提高工作绩效与用户满意度，同时优化馆员的知识结构、促进馆员专业成长。

爱尔兰图书馆“持续专业发展”（Continuing Professional Development，CPD）模式是很好的例子。[77]如今这一理念广泛应用于教师、医疗人员、律师、金融管理及图书馆等行业。越来越多的国家使用持续专业发展替代继续教育，而在我国，持续专业发展只在少数跨国公司中有所实践，并未拓展到图书馆领域。在不同的国家，提供CPD培训的机构包括国际图书馆协会联合会（IFLA）、美国图书馆协会（ALA）、英国图书馆学与情报专业学会、印度专门图书馆和情报中心协会及美国华人图书馆员协会。这些专业机构提供专业认证及制定专业领域的能力标准。爱尔兰图书馆协会组织CPD活动的成功开展得益于其完整系统的规划、明确的目标制定和合理的组织模式，政策文件的制定使得CPD的开展有法可依，活动的多样性与灵活性为图书馆员参与CPD提供了更多的选择。

### （四）强化职业角色认同、树立专业发展观

有的馆员热爱自己的职业，并且很快进入角色，但也有一些馆员只是把自己的职业当作一份谋生的工作，“看书看皮，看报看题”总是游离于角色之外。所以，要想实现专业成长，就必须强化职业角色认同与

专业意识。职业角色认同——从事图书馆工作就应该成为这个样子的人；专业意识——馆员对专业的认识与自觉性。当专业发展成为个人的一种目标、一种需要、一种生活方式的时候，才能够取得最佳效果。专题馆需要能干能讲、肯干肯讲、会干会讲的专业人士。

### （五）在实践工作中促进自主成长

自主专业成长的需求与愿望都是内在的，是一种主动的、自觉的行为状态。需要具备自主专业成长的意识、能力、意志，三者缺一不可。意识是前提，也是一种责任感。能力是基础，是在图书馆工作中形成、积累和发展的，主要表现为敏锐发现问题的能力、学习的能力、想象与策划的能力、创新的能力。意志是不断调节自己的行为，克服困难，努力实现既定目标的心理过程，它是馆员能否实现自主专业成长的决定性因素。专题馆员是一个实践性很强的工作岗位，专题馆员的专业成长，离不开专题馆工作，而其专业成长的价值也只有在专题馆工作中才能够实现，需注重职业技能的培养，提高专业技术能力和水平，提倡学徒制、自学互学，在干中学、学中干。使外行尽快变为内行，新进馆员将所学知识与图书馆实际工作结合起来，完成从理论到实践的飞跃性转变，在实际工作中去检验，用已知去解决未知并投入到创造性的工作中去，掌握实际运用的业务能力。

### （六）以科研促进个体专业成长

实践与科研是图书馆员专业成长的两条腿。通常情况下，图书馆的科研大都是出于解决工作中的专业问题或技术问题而进行的研究活动，其目的是提高工作品质，途径是总结经验、借鉴、反思和创新，其结果是提高个人的职业素质和工作绩效，这一点恰恰与馆员的专业成长相吻合。搞研究就离不开对专业知识或经验的梳理、整合，离不开结合具体工作的思考、试验，在实践工作中“问题即课题，服务即研究”，要研究新问题，跟上新形势。科研对于馆员提高职业素质和持续的专业成长都具有积极的、无可替代的价值。

## 二、浦东图书馆的学习机制

一个图书馆是否具有生命力和竞争力，关键是看其是否形成了不断学习的机制。浦东图书馆在人才培养上开展了多方面的工作。[78]

### （一）搭建学术出版平台

出版馆刊《图书馆发展研究》、馆报《浦东图书馆》和《图情动态》三份内部出版物，为馆员学术研究成果提供发表、交流的平台，引导馆员在思考和研究的状态中工作，鼓励基于问题的研究和基于现场的研究，把问题找到、把解决问题的办法找到，再把自己的想法写出来。

### （二）举办学术活动

在每年的馆庆纪念日举办“浦东图书馆学术论坛”，其已成为浦东乃至上海公共图书馆学术交流的重要平台；每月一期的“学术沙龙”既邀请馆外专家、学者介绍学界和业界最新研究成果，也邀请一线馆员围绕各自工作展开交流，这种基于问题的学术分享，已成为馆员专业成长的重要平台。

### （三）结合实践开展课题研究

课题是促进学术成长的一种好方式，可以把理论和实践结合起来，既有馆内科研课题又有上海市图书馆学会等机构的课题项目可以申报。

（四）共建图情专业硕士实践基地

与华师大在课题合作、基地建设、教材建设等多方面有合作，这对我们的专业化人才队伍建设起到积极推进作用。

依托于馆里这些制度的建立有助于提高专题馆员的综合素质、增强工作技能，提高专题馆对外服务能力，提升本馆在专题领域的地位。

## 第三节　提升专题馆员服务素养

美国图书馆学家谢拉曾说过："服务，这是图书馆的基本宗旨。"我国著名图书馆学家黄宗忠（2005）认为[79]，"服务是图书馆的永恒主题"。服务质量对于图书馆声誉、未来发展至关重要。而专题馆服务的关键就在"人"，专题馆员是提供服务的主体，对服务质量起决定性作用。图书馆是一个服务机构，为读者服务是每位馆员的神圣职责，置于一线的专题馆员，在专业养成计划基础上，服务素养也是决定服务质量的主要因素，专业素质和服务素养是专题馆员的两大"武器"，二者缺一不可，能够培养一支既掌握专题研究资源，又具有较强服务意识的专业人才队伍。

目前对我国图书馆服务质量的研究主要是实证研究，从理论上依据模型进行图书馆服务质量评价的较少，且集中于差距原因分析及改进措施。以服务质量差距模型分析图书馆服务质量差距的关键因素，并试图探究通过塑造馆员服务素养以弥合差距，不失为一种有效的方法。

## 一、服务质量差距模型

20 世纪 80 年代中期到 20 世纪 90 年代初，美国的服务管理研究组合 PZB 通过实证研究提出了服务质量差距模型（Service Quality Model)，也称 5GAP 模型。可以简单地概括为：服务过程中存在的 5 个差距决定了顾客对服务质量的满意程度。差距 1～4 是服务机构内的不足，集中反映为差距 5，即用户期望与用户感知的服务之间的差距。[80]

施国洪等（2009）据此提出了图书馆服务质量差距模型[81]，其如图 3-1 所示。

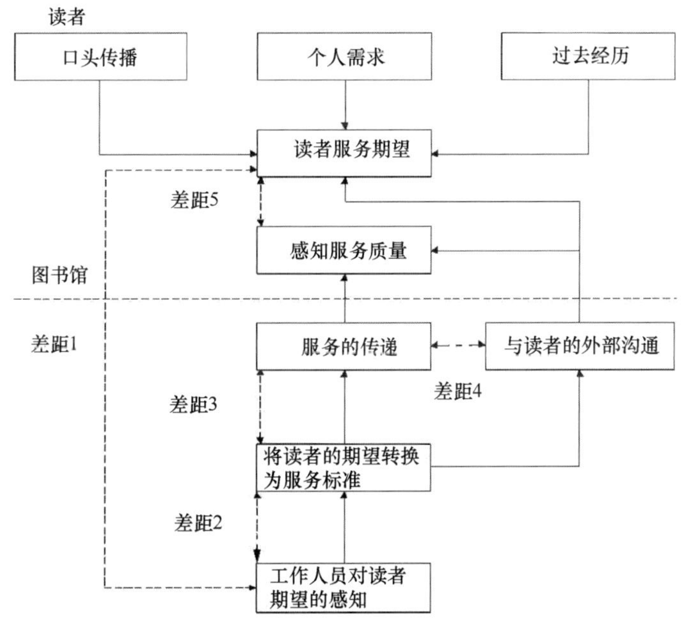


图 3-1　图书馆服务质量差距模型

## 二、形成服务质量差距的关键因素分析

服务质量会对读者产生影响，且影响具有不对称性，心理学上有一个著名的“失落憎恨现象”[82]（见图 3-2），与超出预期的优质服务相比，读者对意料之外的劣质服务的反应要更强烈一些。因此，面对服务质量差距，图书馆应分析其关键因素并从根源上弥补差距。专题馆的服务质量归根结底取决于馆员的服务素养，这里所说的馆员，指专题馆各个岗位的工作人员，既包括专题馆员，也包括图书馆领导团队（即各级领导）。

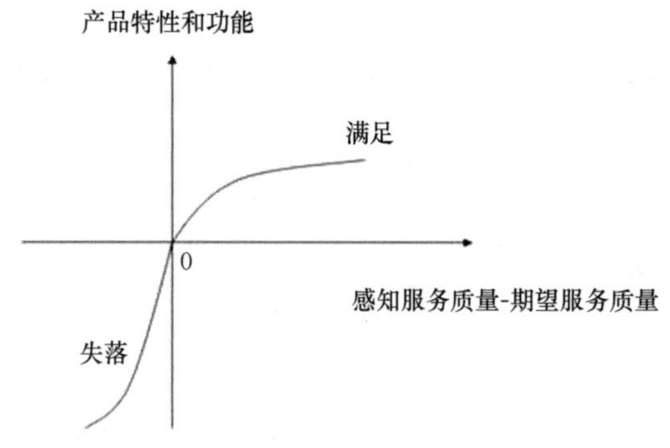


图 3-2　服务质量的失落憎恨现象

### （一）差距 1 及服务素养要求

差距 1 是读者期望与馆员对读者期望认知的差距，属于馆员理解上的差距。形成这一差距的关键因素，既包括宏观层面上领导团队对读者群的分析与认知，也包括微观层面上馆员对读者个人需求的理解和把握。

专题馆员服务素养要求主要是：

（1）与读者进行有效沟通的能力；

（2）定期进行细致的读者调查，收集读者期望信息，及时了解服务质量差距，对不同读者群所期望的服务进行准确分析和理解的能力；

（3）客观、清醒的认知能力，能够理性地否定主观臆断，更新观念、准确认知读者期望；

（4）服务质量测评的能力，及时了解和掌握读者满意程度和各服务环节的规范程度，运用测评结果进行服务质量控制。

### （二）差距2及服务素养要求

差距2是馆员对读者期望认知与制定服务质量标准的差距，属于服务规范设计、规章制度建设上的差距。形成这一差距的关键因素，既取决于领导团队的决策能力，又取决于将读者期望转化为服务质量标准的过程。

专题馆员服务素养要求主要是：

（1）领导团队的科学决策能力素养，听取各方面意见，在一定程度上让馆员参与决策；

（2）将读者期望转化为服务质量标准的能力，在转化过程中要求遵循客观、真实、准确、全面的基本原则；

（3）设计具有可操作性、职责明确的规章制度的能力，尤其需要细化的服务规范和量化的服务标准。

### （三）差距3及服务素养要求

差距3是服务标准与服务结果的差距，属于服务传递的差距。此差距形成于服务提供的过程中，服务过程中的质量控制难度最大，直接提供服务的馆员素质及其对服务质量标准的理解和领悟是形成这一差距的关键因素。

专题馆员服务素养要求主要是：

（1）对规章制度的理解力；

（2）高尚的职业品格素养，真诚对待每一位读者，对读者要忍耐与宽容；

（3）稳定的心理素质，具有情绪的自我掌控和调节能力，懂得读者抱怨的处理艺术；

（4）语言沟通技能，修炼倾听能力以达到最佳沟通效果；

（5）过硬的综合业务能力；

（6）多重任务处理能力，能应对预料之外的问题突然插入；

（7）灵活应变能力，处变不惊、对突发事件自如应对；

（8）团队合作能力。

### （四）差距4及服务素养要求

差距4是服务结果与服务承诺的差距，属于沟通上的差距。专题馆宣传做出的服务承诺与实际提供的服务不一致，过度承诺、承诺不当以及其他部门之间的横向沟通不畅都是形成这一差距的关键因素。

专题馆员服务素养要求主要是：

（1）承诺管理能力，注重承诺、不失信于人，进行实事求是的服务宣传；

（2）读者预期管理能力，有效引导读者期望，防止读者期望过高；

（3）良好的人际交往与沟通能力，与其他部门的协作能力；

（4）服务补救能力，争取读者理解和谅解，重新赢得读者信任。

### （五）差距5及服务素养要求

差距5是读者期望服务与实际感知服务的差距，是最主要的差距，是上述 4 个差距最后结果的集中反映。此差距的形成是一个错综复杂的过程，关键因素取决于上述 4 个差距，可能是由其中一种差距单独引发，也可能是由几种差距综合造成。对专题馆员的服务素养要求也应进行辩证分析，要求应是多方面的、综合的、系统的。另外，读者期望是动态变化的，专题馆员应具备及时跟踪、搜集读者期望的意识和能力。

## 三、塑造服务素养是弥补差距的根本途径

我国著名的图书馆学家刘国钧先生认为："图书馆在教育上所负之使命，既甚重大，故图书馆员之素养，关系至为重要。"通过塑造专题馆员服务素养来弥补服务差距是专题馆提升服务质量的必由选择。只有找准读者真正的需求，才能为读者提供真正需要的服务，甚至打造出超越读者期望的服务，在"精神与品质，知识与能力，过程与方法"三个维度上下功夫，三个维度相互渗透、融为一体，最终形成三维一体的整体效果，以提高专题馆员综合服务素养。

### （一）找准读者真正需求

1. 正确理解读者期望

构建专题馆员与读者有效沟通的方式。沟通是个双向的过程，要与读者进行有效沟通就必须对读者意见进行及时的反馈与交流，通过积累逐步感知读者需求。读者调研是了解读者需求的重要方法，读者需求分析是评估读者期望的重要依据和手段，调查问卷的设计颇有讲究，调查项目取决于调查目的，可为制定服务标准、规章制度提供决策依据，也可为改进服务方式提供参考。

在实际工作中多接触读者、多观察读者、多交流、多倾听，培养现象判断能力、获取信息式倾听能力、情感移入式倾听能力，通过察言观

色、姿势和动作捕捉读者意图，洞悉读者是如何想的，通过感知而认知，“知彼知己”中的“知”即具有理解的内涵，只有知彼知己才能够从容调整图书馆的服务策略。沟通力、感知力、理解力、感悟力等能力属于语文素养的重要方面，塑造专题馆员的语文素养可以帮助专题馆员正确理解读者期望，防止理解偏颇甚至有误。

2. 客观制定服务设计和标准

要保证规章制度、服务标准的设计合理，领导团队要具有窥一斑而知全貌的科学思维能力。理性判断力、归纳力、总结力、分析力、预见力等都属于决策素养不可或缺的元素，领导团队是决策的主导者和决定者，决策素养直接影响和关系到服务品质。优质服务必须以可操作性强的服务标准为依据，通过服务设计实现服务的规范化、程序化、标准化，服务规范的细化和服务标准的量化不仅是考量领导团队决策素养的重要方面，也涉及领导管理模式的选择。

罗伯特·格林利夫在1970年就提出“仆人式领导”概念，领导首先是有服务意识，怀有服务为先的美好情操，关心的是需求是否得到了满足。[83]而在实际中，见得更多的是“超人式领导”。力推“仆人式领导+超人式领导”的领导团队模式，既可将馆员的需要放在重要位置，也可体现领导刚性的政治能力与魅力，可谓刚柔并济。

### （二）提供读者真正需要的服务

1. 塑造礼仪素养，倡导文明服务

图书馆尤其是公共图书馆，作为大众文化服务机构，馆员所应具备的最基本素质即是礼仪素养，既要有内在的职业道德和文化修养，又要有外在优雅得体的言行举止。职业道德是图书馆员职业素养的灵魂，培育职业认同感、职业荣誉感、职业敬业感、职业幸福感等职业情感，运用精神哲学理论进行服务精神的洗礼，使专题馆员热爱图书馆职业和读者服务工作，形成良好的服务心态。以具体化、规范化的行为准则要求专题馆员的服务实施，遵照《中国图书馆员职业道德准则》，做到知行合一。文化修养的塑造需要长期的积淀，最终成为一种文化底蕴。以图书馆职业道德为基准、文化修养为底蕴，注重专题馆员服饰、仪容、言语、举止等的培养，彰显专题馆文明服务的精神风貌，保持专题馆对读者的吸引力、亲和力，形成读者对专题馆的永恒向心力。

2. 培训与演练结合，练就业务素养

拿破仑·希尔认为，培训在拉丁语中是“自内向外发展”的意思，也即自内心培养的意思，在“知识”与“能力”的关系上，从“知识传授”为主向“能力打造”为主转变。[84]著名的“5-90-5 法则”告诉我们，90%的馆员是最主要的服务提供者，美国金爵曼公司提出“培训是一流服务的唯一途径”。专题馆的发展得益于专题馆员的成长，专题馆员作为知识领航员，必要培训专业素养和技术能力，比如文化活动组织策划、展览展示等大众文化服务能力，读者心理学、阅读素养等交流与指引能力。专业培训属于练内功，实践演练则是练外功，内功是保证服务质量的基础，外功是提升实务技能的途径。制订翔实的培训演练计划方案，用现场模拟来提高应变能力、提高服务的精准度、提升培训效果，培养对服务传递过程的引导、展开和掌控能力。通过对知识深度和广度的培训，规范实施演练计划，促发专题馆员的内驱力，使专题馆员处于激活态，致力于自身能力的发展，同时提高团队协作能力，最终提升服务执行力。

3. 考评与激励并重，激发潜在素养

考评与激励是一对共生体，常被比作大棒与胡萝卜，二者相辅相成、相得益彰才能更好地增强管理效用，一定制度的规范、纪律的约束、利益的引导相结合，可激发专题馆员潜在素养，发挥最佳实力。考评是将培训和演练这种专题馆员素养教育落实到实际工作中，可采取业务考核与群众评议相结合的办法，既看重专题馆员业务能力又重视群众基础，还可为以后工作起到修正作用。激励作为心理学概念，是提高馆员满意度的一种方式。运用“激励相容”理论，建立多样化的激励机制，形成激励体系，使追求个人利益的行为与集体价值最大化的目标相一致，使专题馆员在物质和精神上达到双重满足，提升主观能动性，充分发挥激励导向作用。

### （三）打造超越读者期望的服务

“说过头”（Overpromised and Underdelivered，OPUD）和“做过头”（Underpromised and Overdelivered，UPOD）理论[85]认为，我们不能做出过高承诺而无法兑现，即“说过头”，我们希望为读者确立一个合理的期待，并在兑现承诺时超出期待，即“做过头”。

1. 读者预期管理

读者预期管理，是对读者期望、心理需求的引导，提前管理和引导读者对服务的理性判断。服务心理学告诉我们，任何承诺都会给读者带来期望，读者期望越高，当失望时产生的心理落差就越大。服务宣传必须与质量管理融为一体，做到“言其行，行其言，行必果”。在进行服务承诺时，一定要考虑服务能力，承诺一旦做出就要秉持负责的态度，想方设法实现，力求履行承诺，对于暂时做不到的服务不能随意宣传，否则就是一种食言行为，来自读者的信任一旦缺失便很难挽回。从读者角度着手，给读者真实可信之感，避免由于过度承诺或承诺不当给图书馆造成负面影响，并结合服务管理方法，双管齐下做出超越期望的服务。

2. 推行差异化服务

现代读者服务内容要求新颖化、个性化和特色化，富有满足需求、引导需求，甚至创造需求的新内涵。只有打造超越读者期望的服务，在服务过程中为读者提供意外的价值期待，才是赢得读者忠诚度的精髓所在，差异化服务正是超越读者期望的最佳途径。在常规服务中为读者多做一步，做到服务的精细化、个性化，提供满足并超越读者期待的服务，为每位读者提供出色、卓越的服务；开展特色化服务项目，创建服务特色，在读者中确立口碑效果，体现人无我有的服务文化，演绎服务工作旺盛的生命力。

服务质量既有服务本身的客观因素，又有读者感知的主观因素。通常用读者满意度来衡量图书馆服务质量，二者具有正相关的关系，但满意度和服务质量并不能完全画等号，服务质量是满意度的必要条件而非充分条件。存在即使服务质量很好，但读者可能因为心情或其他不相关因素而不满意的状况。因此，研究专题馆员服务素养提升和读者热情参与管理的双向良性互动，以弥补服务差距，是我们面向大众服务探索的方向。

# 第四章
# 怎样建设专题文献资源的馆藏体系

专题馆建设首先涉及资源建设，资源建设是图书馆的基础工作。专题文献资源建设是指依据图书馆的发展目标、重点任务、特殊服务对象及社会对专题文献信息的需求，系统地规划、选择、收集、组织管理某一类文献资源，并建立全面、完整和具有特色的馆藏专题文献体系的全过程。本章主要从文献资源的体系规划、采访原则、组织管理以及开发利用等过程，结合浦东图书馆建设的事例进行理实结合的阐述。

## 第一节　馆藏文献建设——专、精、深

专题馆在文献资源建设方面与普通图书馆有很大的不同：

（1）要求它的独特性，即“人无我有”；

（2）要求它的优质性，即“人有我优”；

（3）要求它的创新性，即“人优我新”；

（4）要求它的完整性，即“人缺我全”[86]。

浦东图书馆在2010年创建专题馆开始，就要求在满足大众化读者需求的基础上，体现出研究性的特点，即专题文献具备以上的特点，同

时向“专、精、深”发展。

（1）专业强：文献资源收藏需要体现专业水平，要比大众化图书更加有专业性，采访人员同时要具备某一专业的背景知识；

（2）品种精：文献资源采访需要精、全，有关某一专题文献覆盖面需要全面收集，不同的载体文献都要有所体现，同时抓住核心出版物、核心文献的收集，精品图书选择上不得遗漏；

（3）内容深：文献资源的研究不局限于文献表层的研究，更多倾向于文献内容的研究，文献研究由表层向纵深发展。

## 一、专题文献建设的范围

为创新服务模式，完善信息资源建设，浦东图书馆对专题馆藏资源建设不断地进行整合和优化，专题文献经过几次调整，调整确立后的专题文献，为不同需求的读者提供新、捷、专、精、深的文献参考咨询服务。

### （一）地方文献专题

地方文献是一个地方最有特色的馆藏文献，浦东图书馆作为浦东新区唯一区级图书馆，对地方文献的收集成为义不容辞的责任。

地方文献专题目前上架书册包括图书、期刊、报纸合订一共有14 272册。主要涉及各类地方志、地方年鉴、名人文献、浦东开发开放、自贸区等书籍。其中地方志、地方年鉴有 2 001 册；名人文献包括傅雷、张闻天、黄炎培、宋庆龄、杜月笙、余秋雨等有 944 册；浦东开发开放书籍、期刊有 421 册；自贸区相关文献有 153 册。其他有关于浦东民俗、娱乐旅游、地图、浦东文史研究类、古籍线装书（影印）等共 10 753 册。除此之外，专题馆打造新载体文献的收录，如张闻天纪念章、世博纪念徽章以及浦东人的书画作品，建构文献加工录入系统。还扩大范围进行灰色文献的收集，如各类票据票证、名人名家手稿等。

近年来，随着现代技术的发展，浦东图书馆对地方文献中的方志、年鉴、优秀的讲座以及张闻天同志的手稿文献和影音文献进行了分类整理；扫描自建“浦东地方文献数据库”；对有关浦东开发开放文献以及媒体的新闻报道进行收集建设了“浦东开发开放数据库”；对浦东地区的人物所发表的论文以及图书进行收集建设了“浦东论文研究资料数据库”；对有关浦东地区文化发展文献进行收集整理建设了“浦东文化专题资料库”；对浦东新区政府公开信息进行数字化建设“政府公开信息数据库”。

除了以上文献资料的数字化，专题馆在掌握丰富的信息资源、配备完善的硬件、组建高水平的研究队伍的基础上选择《浦东说书》《浦东派琵琶》《浦东绕龙灯》这些为大众乐见的民俗主题拍摄系列文献专题片，以使地方民俗更深入人心、打造浦东地方资源精品，增加地方资源的服务形态以满足不同层次、不同年龄读者的多样性需求。民俗文化专题片的自主拍摄是专题馆在专题文献建设过程中进行的一次全新尝试。

专题馆在地方文献专题建设中，征集文献占很大部分，还有浦东著名人物的捐赠，都为浦东地方文献的建设提供了珍贵的文献资源。地方文献的收集采取全面收藏方针，在中图法分类中涉及各大类别。

### （二）金融专题

金融专题主要收集大众所关注的金融资料：货币、银行、投资、保险等方面的金融类中外文图书；根据读者多元化需求，还重点收集了“国际金融危机”、“犹太人金融”以及“自由贸易区”等专门文献；在外文文献方面收录了商业信息交换所（CCH）、威利（Wiley）、麦克劳·希尔（McGraw-Hill）等国外著名出版社出版的金融专业全英文精品书籍，目前，金融专题中外文图书有22 069册，中外文精品期刊98种，其中不乏《金融经济杂志》（Journal of Financial Economics）、《世界银行经济评论》（World Bank Economic Review）等顶级期刊，帮助读者以最快的速度了解国际国内的金融时讯，满足研究需求。在中图法分类中主要收集F8（财政、金融）大类的文献[87]。

### （三）艺术·时尚专题

“艺术·时尚”包含绘画、书法、篆刻、雕塑、摄影、工艺美术、音乐、舞蹈、戏剧戏曲、电影电视、艺术考古、旅游、服饰、美容、家居装饰等类别。在文献建设上突出专题文献的专业性和学术性，首先确保研究级书籍文献的收藏，满足专业读者的需求，同时也收藏普及型、一般性读物，满足普通读者的阅读需求。

艺术·时尚专题的建立，旨在通过阅读分享和搭建最新讯息平台，力求为读者全方位展示艺术与时尚方面的最新讯息，同时也为研究型读者提供一个坚实的专业知识储备库；通过阅读和学习，使读者能够具备一定的艺术鉴赏能力，培养、提升读者的审美和品位，增强读者对生活的关注度、敏锐度，提高读者对“时尚”的敏感性，并具有在时尚潮流中发掘自我独特个性和审美的能力。

艺术·时尚专题在文献采访中建立3个读者交流群，使读者参与到文献资源建设中来，文献收藏也更贴近读者的需求。

目前，艺术·时尚专题共有中外文图书61 383册，中外文报刊400余种。在文献建设工作中，将在做好基础文献收录的基础上，扩大视野，收集平面媒体和网络媒体的专题信息，建立并完善“艺术·时尚”专题数据库，供更多的读者更方便、更快捷地检索和使用，使专题馆藏最大限度地发挥作用。在中图法分类中主要是指 J 大类以及 K85 美术考古、TU 建筑艺术。

### （四）法律专题

法律专题是从浦东图书馆建馆以来的一个法律阅览室发展而来的，是浦东图书馆历史最悠久的一个专题。法律专题主要为来馆读者提供法律类的信息咨询服务，为此行业的研究者提供高层次的研究文献。浦东图书馆法律专题文献建设同时致力于推进依法治国方略的实施，增强公民法治观念。

法律专题馆藏资源主要涉及：宪法、行政法、经济法、民法、刑法、诉讼法、社会和环境保护法。

法律专题目前共有中外文法律图书 49 002 册，其中外文原版图书 3 500余册、中外文法律期刊约 300 种、报纸 20 种。普及型期刊有《法学文摘》《法律与生活》《检察风云》《法制与新闻》《中国律师》《中国公证》《检察纵横》《公民与法》《民主与法制》《法庭内外》。专业期刊有《中外法学》《比较法研究》《法学研究》《当代法学》《华东政法大学学报》《环球法律评论》《电子知识产权》《犯罪研究》《哈佛立法杂志》（Harvard Journal on Legislation）《哈佛法律评论》（Harvard Law Review）《牛津法学研究杂志》（Oxford Journal of Legal Studies）。此类专题主要收藏 D9 类文献。

### （五）教育专题

为建设外向型、多功能现代化浦东新城区，促进均衡化、一体化、国际化方向的浦东教育发展，发展和强化公共图书馆的社会教育职能，建设教育专题文献。

教育专题文献主要满足青少年学生、教师、教育工作者等人群期待的教育需求，集中开展教育信息的研究和服务。重点建设范围主要有：针对教育工作者和家长的教育教学理论、职业教育、社区教育、家庭教育等各级各类教育理论资料；针对普通市民和学生求学的本区、本市及国内外各级各类学校名录的入学类资讯；针对学生考试和市民终身教育的中考、高考、自考、研究生考试、非学历考试、中外合作考试等考试辅导类资料。重点建设“入学资讯”“各类考试”“特殊教育”“家庭教育”“社会教育”“上海或浦东名师著书”等此类文献。同时关注浦东地区的一些教学名师的著书和优秀的教学课件、适合自学的 MOOC，形成教育数据库资源[88]。

目前教育专题图书 14 689 册，101 份中外文期刊，电子资源有万方基础教育数据库、央视教育视频数据库等。此专题文献主要集中在中图法 G 类。

### （六）科技专题

在国家级科创中心建设的背景下，科技专题除了满足浦东大众读者的科技知识需求外，也努力服务于浦东科创中心建设。

科技专题文献建设围绕以下 6 个重点方向：空间地理、生物、电子、交通运输、航空、环境。除此 6 个方面外，同时还有科创思维、科学总论、科技人物等辅助性文献。

科技文献建设有两大方向目标，一是以提高广大市民科学知识和素养为宗旨，采集的文献都贴近市民群众的日常生活，例如上海市民比较关注生活环境、日常交通，同时面对在临港地区建设的上海天文馆，涉及空间地理和航空科技等。特别是上海及其附近地区的相关文献，以便市民了解获取这些科学知识；二是围绕浦东地区的高科技产业开展的文献建设，浦东地区现有张江高科园区，里面包含生物医药、电子软件等高新产业，科技专题需要收藏有最新出版的生物、电子方面的科技文献，既能服务于相关产业的工作发展，也能让普通市民知晓和了解这些科学技术。[89]

目前，科技文献专题图书 8 339 册，23 种中外文期刊。中图法分类号 G30、G31、G322.7、G322.9（科学）、N0、N1、N49、N5、N6、N91（科学总论）、P1（天文学）、TB15、TH75（天文器材）、V1、V4（航天）、P7（海洋学）、U675（航海学）、Q91（古生物学）、Q94（植物学）、Q95（动物学）、Q96（昆虫学）、T-18、T-6（工业技术总论）、TN4、TN91（通信科学）、TP1（TP18）、TP2（TP24）、TP3（计算机科学）、X、K826.1、K825.3（科技人物传记）等众多类目。

### （七）参考专题

为了能够为大众提供常识性或专业性的参考指示，参考专题文献包含参考资料、工具书，诸如中外文字（辞）典、古今书目、中外文图书报刊索引、文摘、中外百科全书、中外历史名人、地名资料、中国大型年鉴和国际社会重要年鉴、国内外重要的办事指南、手册、年表等等[90]。目前，参考文献专题中外文图书有 149 948 册。中图分类中包括各个类别。

文献资源建设是一个长期、持续的工程，不是一蹴而就，专题馆在专题文献建设过程中，根据浦东地区发展的形势以及读者需求不断进行调整，文献收集过程中关注文献可持续发展的特性，保持文献的系统性和完整性，努力打造一批专、精、深馆藏文献，形成有特色的专题文献馆藏体系。

## 二、专题文献资源的类型

浦东图书馆专题文献作为图书馆整体文献的一部分，它的文献收集不论载体形式还是语种方面与普通外借文献有所不同。

### （一）多载体的文献馆藏结构

文献资源从载体形态上划分主要包括印刷型资源、数字型资源和特殊载体资源。

印刷型文献资源：包括图书、连续出版物、特种文献、内部资料以及其他零散资料。

图书：由出版社出版的不包括封面和封底在内 49 页以上的印刷品，具有特定的书名和著者、国际标准书号、定价的出版物。供阅读的著作，如专著、译著、教材、通俗读物等，供查考的工具书，如书目、索引、文摘、百科全书、字典、词典等。

连续出版物：具有统一名称、固定版式、统一开本、连续编号，汇集多位著者的多篇著述，定期或不定期在无限期内编辑发行的出版物，如杂志、报纸、年刊、年鉴。

特种文献：出版形式比较特殊的科技文献资料。如：科技报告（科技工作者围绕某一课题从事研究之后，对所取得成果的总结报告或在试验和研究过程中所做的记录报告）；专利文献（发明人或专利权人向专利局提供申请保护某项发明时所呈的技术说明书，经专利局审查、公开出版后所形成的文献）；标准文献（经公认的权威机构批准的一套在特定范围内必须执行的规格、规则、技术要求等规范性文献）；会议文献（国际国内各种会议上宣读和交流的论文、报价和其他有关资料）；政府出版物（由政府机构出版或由政府机构编辑并授权出版商出版的文献，如行政性法律、法规、规章、政府报告，科技性研究报告、科技政策、气象资料等)；产品资料（定型产品的结构、原理、操作方法、维修方法的详细介绍资料，产品说明书、产品目录)。

内部资料：个人或组织生产的非正式出版、非公开发行的出版物。专业性强、情报价值高，能反映某一领域的最新动向。

其他零散资料：档案资料、舆图（地图、地形图、地质图、行政区划图、教学挂图)、手稿、图片和乐谱等。

数字型资源：指一种虚拟资源，它不依靠物理载体，不受空间的限制，借助于现代化电子设备进行阅读和使用的资源。如电子图书、电子期刊以及各种音频、视频数据库等。

特殊载体资源：一般是指除了依托印刷技术和数字技术的印刷型资源和数字型资源以外的其他资源，常见的指缩微文献和声像资料[91]。浦东图书馆专题馆建设的特殊载体资源主要指声像资料。近年来，随着多元化馆藏的要求，在特殊载体资源上，也扩大了范围，如在浦东地方文献专题，增加浦东地区画家的书画收藏、上海世博会徽章的收藏等。

### （二）多语种的文献馆藏结构

在专题馆文献建设中，主要以中文、英文文献为主。随着经费的增加以及外籍读者需求增加，截至 2018 年 8 月浦东图书馆境外读者为1 489名，来自 70 多个国家和地区，建设多元化的文献馆藏结构成为必需。从专题馆建立以来，浦东图书馆文献馆藏结构逐渐从单一的图书、报刊纸本文献形式向特殊载体文献转变，从单一以英文语种的外文文献结构向多语种文献结构转变。目前，浦东图书馆在专题图书中还有德、日、韩、法等语种外文文献，报刊还有俄、荷、西等 8 种语种期刊和报纸。

## 三、专题文献的采访模式

图书馆文献资源采集方法同样适用于专题文献资源的采集，常规手段主要包括书目征订、现场采购、网络采购、接受赠送、书刊交换等。专题馆在进行专题文献资源建设过程中，除了以上采访方式之外，针对每个专题文献采选上，更加强化了高精端文献的选取，建立了多元化的采访模式。

### （一）专题馆员采访

浦东图书馆专题馆根据每个专题的设立，聘用相应专业的专题馆员，要求专题馆员原则上是硕士（含）研究生以上学历。在每个专题的文献资源建设上，由专题馆员主导各专题文献的建设，由专题馆员通过书目书单进行文献的选择、通过专题馆员参与现场文献采购、通过专题馆员提供的书单交予采编部的采访人员实施采购。这些采访方式在一定程度上弥补了采访人员在专业上的不足，较好地把握了专题文献建设的方向。

### （二）专家荐购机制

浦东图书馆专题馆在每个专题筹备阶段就与高校专家建立密切的联系，如在筹建金融专题时请上海财经大学、上海国际金融研究中心、中欧国际工商学院国际金融研究院的有关专家对专题建设提出建议并对文献建设进行咨询；筹建城市治理专题时，专题筹备组以及相关的馆员就去同济大学建筑与城市规划学院拜访有关专家。在高价文献采选方面，与高校合作，请教相关教授进行文献的甄选，法律专题建设上，曾请上海交通大学法学院教授帮助我们进行外文文献的甄选。

### （三）读者驱动采购模式

读者驱动采购模式（Patron-Driven Acquisitions，PDA）是在美国20世纪70年代兴起的，最初产生于利用馆际互借数据补充纸本图书进行馆藏建设的实践活动，即图书馆直接通过购买而不是借的方式来满足读者的馆际互借请求[92]。由于电子图书在馆藏中不断增多、在线书店的兴起及现代信息技术在图书馆中的普遍应用，由馆际互借引发的PDA逐渐被用来购买电子图书，从而更促进了PDA模式的广泛传播。PDA 2011年在我国被张甲首次介绍，我国最先在外文图书采访中采用[93]。2014年浦东图书馆借用中图公司易阅通平台，首次完成对部分外文电子图书的采购，虽然这个平台还是需要采访人员的人工干预，但开创了读者主动参与专题文献馆藏文献建设的渠道。

## 四、专题文献采访的制度

浦东图书馆专题馆专题文献建设，经过几年的摸索，建立了一套采访流程。在专题文献建设过程中，专题馆的专题馆员与采编部的采访人员共同合作、相互配合、协作建设。

### （一）文献采访依据

馆藏资源发展战略：专题文献是浦东图书馆文献的其中一个部分，它的建设遵循浦东图书馆馆藏资源发展战略。每隔三年将对文献馆藏资源发展战略进行重新修订，随时根据采访原则的变化，修改采访方针。

文献专委会会议：浦东图书馆根据文献的类型建立了图书、期刊、电子资源文献建设委员会，每个专委会由馆领导任组长，各部门主任任组员。不定期举行会议，将对本年度的采访计划提出建议，对中标商提出要求。

专家智库论证会：针对专题馆建设，每年召开专家论证会。特别是一些高价外文文献，专家论证会邀请上海市公共图书馆以及高校馆的高级职称专业人士，对浦东图书馆专题文献建设提出建设性的意见，并对文献馆藏发展方向提出明确的目标。

读者利用情况调研：为了基于读者需求来完善专题文献建设工作，专题馆对读者利用专题文献情况进行了抽样统计，以此作为数据样本，并结合长期的现场观察，采用数据统计和经验分析相结合的方法，总结归纳出专题文献的阅读热点以及专题读者的阅读需求，为专题文献调整和专题文献今后的建设重点提供依据[94]。

### （二）文献采访原则

专题文献不同于浦东图书馆其他文献，原则上要复本 1 册。

考虑到空间的有限性，且以阅览服务方式为主，以品种建设为主。只有地方文献专题，考虑到大空间全开放的因素，建设 2~3 个复本。

### （三）文献采访流程

每年浦东图书馆根据馆藏文献发展战略，结合文献专委会的会议精神，召开专家论证会，做有针对性的读者调研报告等，制订新一年的文献采访计划以及文献经费预算上报文献专委会，上报馆领导以及上级主管部门，并根据新一年的情况下达采访任务。

针对专题文献的采访，专题馆和采编部两个部门联合，从不同角度了解专题读者的需求。专题馆员根据读者的需求以及专题建设的方向通过各种方式向采编部主动提出文献的需求，或根据书目信息进行图书的采选（见图 4-1）。

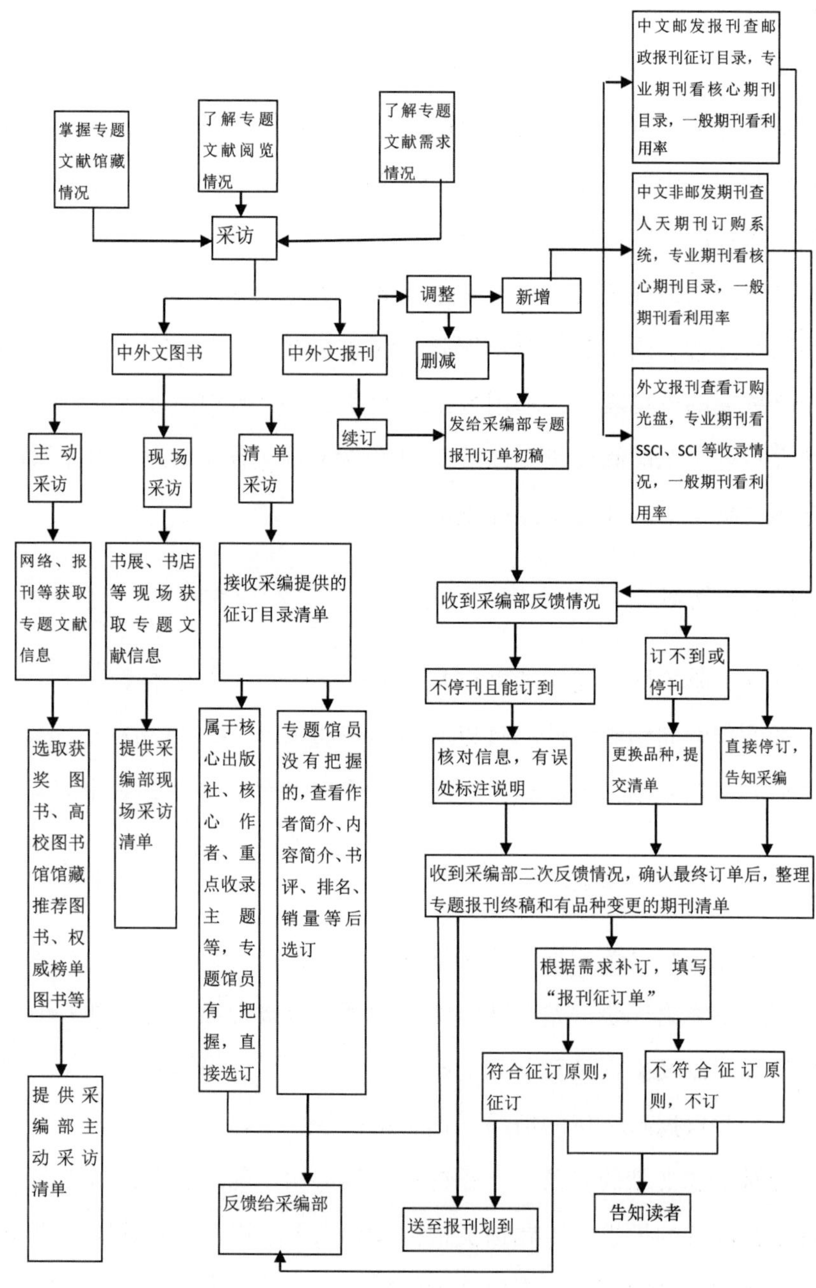


图 4-1　专题文献采访流程

采编部会根据每个专题确定的文献收录范围，按照中图法进行文献的专题归属，每个专题的文献馆藏范围都按照中图法的分类进行文献的分配。如 F8 类的文献在做文献馆藏分配时将自动划到金融专题中，并加工到金融专题库别中。

## 第二节 馆藏文献布局——多元化

馆藏文献布局有宏观和微观之分。宏观藏书布局，是指一个国家或地区内所有文献的布局，指文献资源在地理位置上的分布与配置，即文献资源大范围内的空间组合。它是社会有关部门（或某些具有政府部分职能的组织）对文献资源建设的宏观控制，需要在有关部门领导下，众多图书文献收藏单位协作才能完成。微观馆藏文献布局，则是指一个图书馆（包括其分馆）内各种藏书的布局，通常也叫书库划分、藏书划分或藏书布置。这是一个图书馆的事情，不要求所有的馆都保持绝对一致[95]。本文所论述的是微观意义上的馆藏文献布局。

“藏是为了用”。图书馆藏书的最终目的，是为了最大限度地满足广大读者阅读需要，而要达到这个目的，则必须对图书馆的藏书进行合理、科学的组织和布局，使之形成最佳的空间组合，产生最大的组合效能。图书馆藏书布局是否合理、科学，将直接关系到藏书能否被充分利用，能否更好地满足读者的需求，关系到图书馆服务质量的高低和图书馆社会效益的好坏[95]。

浦东图书馆专题馆文献服务方式原则上以阅览为主，外借为辅，兼而支持研究。专题文献在馆藏布局上呈现多元化的馆藏布局模式：既有根据功能为主的三线典藏模式，又有以服务为主的藏、阅、借、咨、研的大开间的文献馆藏布局模式，同时每个专题根据知识组织的特点采取信息空间共享馆藏布局模式[96]。

## 一、基于功能的馆藏布局模式

基于功能的馆藏布局模式是我国图书馆的传统布局模式。这种布局模式体现了以功能为主导的布局理念，以对各书库的功能设置为出发点进行馆藏资源布局，对各个书库的功能做出了明确的界定，各个书库“各司其职”，支撑着图书馆整个馆藏资源系统的运行。最有代表性的是三线典藏模式。

### （一）三线典藏模式

就是按照馆藏文献的利用率高低，结合服务方式，将馆藏文献依次划分为三个层次，组成一、二、三线书库的布局体制。一线书库提供利用率最高、针对性最强、为最新出版的馆藏文献，供读者开架借阅；二线书库提供利用率较高、参考性较强、为近期出版的馆藏文献，可根据情况供读者闭架借阅；三线书库集中收藏利用率低的珍贵文献[97]。

### （二）浦东图书馆馆藏布局体现

浦东图书馆专题文献根据文献的利用率将文献分别布局在不同的地点，采用不同方式为读者服务。

一线书库位于浦东图书馆五楼全开放的阅览区，这里按照每个专题分类进行排架，读者可以不通过任何证件进入阅览区阅览图书。二线书库位于浦东图书馆 M 层，这里主要是使用率相对低的一些典藏图书，根据读者的需求，由馆员进行查找，借阅给读者。三线书库也位于浦东图书馆 M 层，这里主要是一些档案资料、珍贵的善本图书（含部分影印版本）以及字画、徽章等，闭架，按读者申请提供查阅服务。

## 二、基于服务的馆藏布局模式

这种模式也是随着现代图书馆建筑的改变以及服务理念的改变而出现的一种馆藏布局模式。由“以藏为主”转变为“以用为主”，开始注重读者的信息需求，对馆藏资源进行深层次划分，使图书馆布局功能化，从而最大限度地满足读者的信息需求，为读者提供更为优质的服务，体现出提高资源利用率和用户服务效率的布局原则[98]。

### （一）大开间一体化馆藏布局模式

图书馆一直以来以分类号进行图书的组织和加工，这种方式是图书馆人自己创建的一种组织方式，方便馆员对文献进行管理和借阅。而对于读者来说，他们不懂文献分类方法，他们查找文献更习惯于从主题入手，同时现代图书馆建筑的模式改变，从读者角度出发，方便读者使用图书馆，“藏、查、借、阅”一体化布局模式产生了，它是一种全开架的馆藏布局模式，充分利用现代信息技术，采用“超市管理的方式”，即大开间、少间隔的建筑布局，整个图书馆只设一个进出口，不单独设立阅览室，文献资料尽量按学科、知识门类组织集中起来。在书库内设有足够多的检索终端和阅览桌椅，读者可以在图书馆内随意浏览、任意检索、自由取书、随时阅览；努力营造以阅为主、其他为辅，“人在书中，书在人中”的综合功能空间[99]。

### （二）浦东图书馆馆藏布局体现

浦东图书馆五楼专题馆，是大开间设计，没有任何隔离的馆藏文献布局模式。各个专题划分为各个区域排列，每个专题区域之间通过标识来识别。整个空间的文献不是按照分类法进行排架，而是首先按专题分区，每个专题中按照文献类型进行分类，每种文献类型再按主题或分类号排架。如金融、艺术·时尚专题，都是先按照中文图书、外文图书、期刊、报纸进行区分，金融专题仅涉及F8类目，再按分类号排架即可，艺术·时尚专题涉及分类法类目广泛，则再按照主题进行排架。这种模式方便了读者在不熟悉图书分类的情况下，按照主题快速地查找文献，缩小了文献的查找范围。

## 三、基于知识组织的馆藏布局模式

这种模式将对知识的系统化作为馆藏资源布局的首要因素，对图书馆的馆藏资源进行学科化组织，并为读者提供学科化服务。而信息共享空间正契合了这方面的要求，将逐渐成为馆藏布局理论中的一种重要布局模式[100]。

### （一）信息共享空间布局模式

信息共享空间是以数字化信息资源为背景，通过对图书馆技术、资源和服务的有效整合，为信息供需双方设计的一个协同工作空间。将各种载体类型的馆藏资源按照学科进行统一的馆藏布局；将图书馆咨询员、学科专家甚至读者的隐性知识以信息共享空间为纽带同馆藏资源聚合在一起。这种模式能够提供一站式集成服务，是一种多元化功能组织；采用多元化空间布局，为用户提供多种学习空间；具有弹性的资源配置，其构建与用户的需求相匹配；采用协调合作化管理，其构建并不仅仅局限于图书馆内，它还可以与其他机构联合建设与服务。这种模式强调物理空间与虚拟空间的结合，突出图书馆以人为本的服务理念[101]。

### （二）浦东图书馆馆藏布局体现

浦东图书馆每个专题设有专门的区域，每个专题区域集中这个专题图书、期刊、报纸。每个专题配置资深馆员，专题馆员不光负责本专题文献资源的采访工作，同时也负责收集本专题各种文献载体的类型、负责本专题的虚拟资源的建设、负责本专题文献推广以及文献咨询和情报服务。

## 四、特色文献的馆藏布局模式

浦东图书馆专题文献在馆藏布局采取了多种模式相结合的方式进行文献管理，随着读者个性化服务的需求，对一些特殊的文献又设置专架，进行集中管理。如在地方文献专题中设立地方志、年鉴专架、浦东开发开放专架、自由贸易区专架、傅雷文献专架、张闻天文献专架等。在金融专题中设立了国际金融危机、犹太人金融和自由贸易区三个专架。这种设立为特色文献和品牌服务开辟一条通道，形成亮点（见图4-2~图4-5）。

图 4-2　国际金融危机文献专架

三线典藏模式和大开间一体化模式更多是文献物理空间的体现，而信息共享空间打破空间的限制，更多强调了人通过技术提供文献内容的

图 4-3　犹太人金融文献专架

图 4-4　司法考试文献专架

服务体现。这正说明为了适应用户需求的改变和图书馆事业实践的发展，建筑空间、借阅方式、工作方式等对图书馆馆藏资源布局理论的影响正逐渐减弱，而技术、服务理念、知识组织等因素的影响日趋增强。信息共享空间实现对以网络资源为代表的虚拟资源的有效组织，实现对以人（馆员、专家、读者）为载体的知识资源的有效利用。为人们提

图 4-5　张闻天文献专架

供全方位、一站式的服务，更符合现代人们的学习和研究需要，同时也符合时代发展的需要，是一种科学合理的布局模式，必将丰富和完善图书馆馆藏资源布局理论。

## 第三节　馆际合作和文献资源共建共享

文献资源共享问题首先由科学技术发达的美英两国提出。美国国会图书馆为解决全国文献资源共享问题从 1901 年开始组织全国资源卡片目录中心，组织全国统一编目。这是早期计算机没有产生之前，使用卡片目录进行文献资源的共建共享的雏形。1942 年美国为解决最大的 99 所图书馆的馆际藏书补充协调问题而实施的“法明顿计划”，是人类利用计算机进行文献资源共建共享的开端[102]。

自此以后，各个国家开始文献资源共建共享的探索。我国 20 世纪 50 年代就开始考虑文献资源共建共享这个问题，但中间出现了停滞，80 年代，信息化进程不断加快，在信息时代的挑战日益严峻的形势下，我国的文献资源共建共享问题成为国内图书情报界众所关注的课题。90年代文献资源共建共享进入了实践阶段，已初具规模的有中国教育和科研计算机网（China Education and Research Network，CERNET）的建设和1999年正式启动的“211工程”高等教育文献保障体系（China Academic Library and Information System，CALIS）的建设。而与公共图书馆有关的一些区域性的图书馆共建共享也开始着手进行建设，1995年在上海市委市政府的支持下，上海图书馆牵头建立了“上海市文献资源共建共享协作网”，主要进行数据库查询、联合目录、知识导航、馆际互借等方面的合作[103]。

浦东图书馆作为“上海市文献资源共建共享协作网”成员之一，专题馆员不仅要充分利用本馆的文献资源，还要充分利用外部文献资源来满足读者的需求。浦东图书馆专题文献以其特有的文献特点通过不同形式参与文献资源的馆际合作和共建共享。

## 一、全国共建共享

### （一）纸本文献

《华东地区外国和港台期刊预订联合目录》是上海图书馆1989年创办的，收录江苏、浙江、安徽、江西、山东、福建和上海市500多家单位预订的外文和港澳台1万多种期刊。每年出一期，为预订下一年期刊做参考。《华东地区外国和港台期刊预订联合目录》分订户户号表、目录正文与刊名索引，正文按照中国图书进出口（集团）总公司的期刊刊号进行排列，分别著录刊名、国际标准连续出版物编号（ISSN）、中译名和订户户号。浦东图书馆较早参加了上海图书馆组织的外文期刊采访协调会，在外文文献采访中，注重区域图书馆之间的错位发展，参照《华东地区外国和港台期刊预订联合目录》，采访标准为在大众期刊上关注与上海地区公共图书馆的互补，在专业期刊订购上注重与浦东地区的高校进行互补。如在金融专题外文期刊建设上，关注区域内上海金融学院的外文期刊采访情况，尽量在品种上最大化地满足区域读者对此类文献的需求，特别是在高价期刊的采购上。

在小语种文献资源建设上，以韩语文献建设为例，浦东图书馆自从建馆以来就与韩国仁川图书馆进行图书交换，长期以来，由于懂韩语人才的缺乏，专题馆的这部分图书一直没有上架供读者使用。2013 年浦东图书馆与区域内的上海工商外国语学院签订共建共享协议，借此与学院韩语系合作，通过韩语专业学生实习机会对这部分文献进行编目加工，录入系统。同时在工商外国语学院韩语系教授的指导下，对每年交换的文献明确了主题要求[104]。

2014 年，浦东图书馆建立浦东地区区域内的公共图书馆与高校馆的馆际互借平台。各自独立、规模完备的文化系统公共图书馆和教育系统学校图书馆，在不改变原有行政隶属的情况下，浦东图书馆与浦东区内相关高校、科研机构的专业图书馆合作，在各自独立管理的借阅系统之上整合形成文献信息共享、馆际互借的平台。充分利用现已建好的服务网络，使浦东新区区域图书馆读者能够通过网络借阅浦东图书馆图书，浦东图书馆专题馆读者也可以通过该平台，以预约的方式借阅其他加盟图书馆的图书资源。各馆根据相互之间协议统计读者预约和归还的图书，平台实现对馆际借阅整个流程的自动流转[105]。

### （二）数字资源

20 世纪 90 年代以来，随着互联网和信息技术的发展，数字资源呈指数增长趋势，图书馆既要面对经费紧张的压力，又要满足读者日益增长的信息需求，在这种情况下，馆际合作的内容和方式不断地向更广的领域和纵深的方向拓展和延伸，各种类型的图书馆纷纷以组织和参与联盟的方式共建共享数字资源。

我国信息资源共建共享模式有中国高等教育文献保障系统（CALIS）、中英文图书数字化国际合作计划（CADAL）、中国高校人文社会科学文献中心（CASHL）、国家科技图书文献中心（NSTL）等，但从公共文化角度来看，公共数字文化服务建设项目主要还是指全国文化信息资源共享工程（2002）、数字图书馆推广工程（2011）和公共电子阅览室计划（2012）。国内公共图书馆参与度比较高的是后面三项。浦东图书馆专题馆积极参与国家数字图书馆建设项目，通过制作视频专题片、多媒体资源库等形式对浦东地区地方文献进行加工，形成公共文化数字资源建设项目的一部分。

## 二、世界共建共享

联机计算机图书馆中心（Online Computer Library Center，OCLC），总部设在美国的俄亥俄州，现已成为全球最大的、不以赢利为目的的、始终坚持使用最先进的技术维护和管理的、提供计算机图书馆服务的会员制合作和研究组织。它成立于 1967 年，当时是美国俄亥俄州的大学校长和学院院长们为了建立一个计算机系统，以供俄亥俄州各学术机构的图书馆共享资源和降低成本而创立的。OCLC 最初的服务对象仅仅是俄亥俄州 54 所大学和学院，但是成立之后发展非常迅速，成为遍及全球各个角落的世界上最大的图书馆网络，被称为图书馆界的“联合国”。在全球已拥有来自 191 个国家和地区的 86 000 多个图书馆。我国的清华大学图书馆和上海图书馆是中国最早将馆藏上传至 OCLC 和使用 OCLC 联机编目的图书馆，全国目前有近 200 家图书馆加入了

OCLC[106]。

浦东图书馆于2017年加入OCLC，专题馆文献以其独特性首批进入上传清单，计划将40多万册专题文献上传至OCLC联机编目系统以供全球读者进行馆际互借。

# 第五章 数字人文来袭，怎么开发专题资源？

数字人文浪潮已经向图书馆领域袭来，尽管数字人文的发展在我国还处于初期探索阶段，但图书馆界对数字人文的关注度已越来越高。图书馆人不畏惧新的挑战，面对数字人文的机会，积极参与并寻求新发展空间的图书馆纷纷开展数字人文研究与实践，掀起了学界和业界的热潮，数字人文领域成为图书馆可研究、可实践的一个新方向，随着研究的深入发展，从图书馆的视角对数字人文的本质产生新的认识。

## 第一节 数字人文研究带来了什么

《数字人文宣言 2.0》[107]对数字人文给出的阐述：印本（Print）不再是知识生产和传播的排他性规范介质，相反，印本已被新的多媒体配置所吸收；数字工具、技术和媒体已经潜移默化地改变了艺术、人文与社会科学知识交流生态。联机计算机图书馆中心（OCLC）的一份研究报告提出[108]：图书馆是数字人文项目研究成果保存的理想场所，甚至从某种程度上说，图书馆的基础架构与设施是维系这些数字化项目可持续性的唯一希望，因为图书馆拥有相对稳定的财政预算，而这对于数字保存来说至关重要。图书馆作为资源组织和管理者、研究工具和服务平台的提供者，在数字人文领域具有很大的发展空间，国内外许多数字人文研究中心纷纷设立，数字人文期刊、联盟也随之诞生，在国际上渐渐产生了影响力。

数字人文是技术、资源和研究深度融合所形成的交叉领域。在数字人文的语境下，图书馆丰富的信息资源和专业的服务团队，能够为用户开展数字学术研究与实践提供坚实的服务保障，通过技术应用、资源建设开发、深度服务三维度的重新组合，使图书馆成为一个集资源采集、处理、保存、传播、获取和增值为一体的服务和研究机构。

## 一、技术的发展应用

数字人文的源起[109]，最早可追溯至 20 世纪 40 年代末兴起的人文计算。人文计算经历了起步阶段（1949—1970 年）、巩固阶段（1970—1980 年）、新发展阶段（1980—1990 年）以及互联网时代（1990—）4 个不同的演进时期，每个时期的差异化特征主要表现在支持人文研究的工具和技术上，而随着数字时代的到来，人文计算这一称谓已经不能全面地反映其内在特征，升级为数字人文顺理成章。技术的发展应用从根本上推动了数字人文的演进发展，数字人文在图书馆领域的探索和实践，正朝着更加广泛和复杂的方向发展，已成为一般性学术对话的组成部分，所带来的信息技术应用和研究工具支持将更好地惠及研究人员、终身学习者以及普通公众，并通过不断创新而保持较高的专业化学术水平和标准。

数字人文的技术体系包括数字化、数据管理、数据分析、可视化、VR/AR、机器学习等信息技术，图书馆数字信息组织和利用过程会运用到上述技术。[110] 图书馆需要对海量的原始资料进行清理、转换、分析，以形成智慧数据，智慧数据的处理涉及地学信息系统、文本挖掘、知识图谱、虚拟现实、信息可视化、移动视觉搜索等技术。从现有研究来看，用于图书馆数字人文信息组织的技术主要包括资源描述框架、图像语义标注、标引、数据库、关联数据、多媒体出版、历史流和空间流展示等技术。数字人文是对数字化资源和资源数字化成果的深度开发[111]，文本挖掘将大量非结构化的信息以新的模式、规则呈现出来，可视化技术则是把复杂的、不易懂的信息以视觉符号的信息表达出来，数据库或网站是数字人文技术开展的基础设施，语义检索可以大大提高检索效率、避免老式的电脑单一机械检索结果，历史流技术使人们在享受现代环境的同时，“穿梭”到历史记忆中感受历史文化。总之，涉及的技术之多不胜枚举，仅以被广泛应用于数字人文项目中的技术而言，对图书馆所带来的机遇已不可小觑。

图书馆建设专题馆的目的之一在于力求通过特色资源建设选题体现馆藏独特性。但从我国图书馆现状来看，在数字化建设方式上停留在全文扫描和简单元数据加工的数据库建设阶段者居多，提供的服务多依赖于运行多年的不同商业或自建平台，功能相对较单一，以资源数字化保存和提供简单的检索功能为主，资源利用率低；加之内容封闭、存储分散且只针对本机构用户开放，极大地限制特色资源的价值发挥。相较支持人文学者用于科学研究的环境需求而言，无论在资源数据化组织还是平台新功能拓展方面，都远落后于当下日新月异的新技术发展。如资源如何从数字化向数据化存储过渡、数据间关联关系的建立，以及平台的基本数据分析、可视化、文本挖掘等功能缺失等。[112]专题馆的资源开发工作面临数字人文发展所带来的机遇，抓住技术与工具的需求，利用技术手段、开发研究软件，对数字化的文本进行多角度的统计、分类、分析、比对、模拟等智能化处理，通过分析文本数据，抽取文本信息，建立模型等方式创新性地发现蕴含于文本之中的知识元和话语系统，充分运用关联数据技术。数字人文的主要范畴是通过信息技术改变知识获取、标注、比较、引用、取样、阐释与表现的方式[113]，使用户从大量重复性工作中解放出来，实现人文研究的创新发展，图书馆应用数字人文的意义在于对大规模文本的深度挖掘和智能分析，相关资源的大规模整合以及资源的细粒度、关联性重建，这成为专题馆支撑人文研究的资源开发重点，而实现这些的关键前提是数字人文所带来的信息技术发展应用。

## 二、资源开发的方向

图书馆具有丰富的馆藏资源，在数字资源建设和馆藏资源数字化方面也积累了不少经验，从特色资源用于支撑数字人文研究需求角度，专题馆可以为数字人文提供资源基础，数字人文为图书馆在资源的深层次开发、揭示方面指明了发展方向，力求资源的完整性、开放性和关联性，向具有数据关联分析功能、表现形式多样化发展。具有独特学术性和历史性的特色资源，正是构成数字人文基础建设的重要组成部分，图书馆在数字人文基础建设过程中应该首先从这部分资源入手，经历不断深层次的内容揭示，在量和质方面都获得提高的特色资源，不仅能很好地服务于特定需求的用户，其独有的学术价值也是图书馆在资源共享中体现优势和竞争力所在。

图书馆特色资源建设得益于公共数字文化建设的三大重点工程：全国文化信息资源共享工程、数字图书馆推广工程以及中国高等教育文献保障系统的专题特藏数据库建设项目。文化共享工程和数字图书馆推广工程的资源内容除电子图书外，还包括地方特色文化资源、红色历史文化资源、少数民族语言资源、历史文化遗产资源等，服务对象涵盖农村及社区群众、少数民族群众、少年儿童等各个群体。CALIS专题特藏数据库建设项目，全面挖掘、整理和发布国内各高校成员馆的一些未开发、散在各处、难以被利用的独有或稀缺资源、网络原生数字资源等，逐步形成具有学科特色、地方特色或民族特色的专题特藏文献数据库服务群。各图书馆在自投经费建设、开发特色资源的基础上，通过国家项目的申报，在获得建设经费的同时，特色资源开发成果也实现了资源共享。

开展数字人文方面的思考与实践是专题馆必须把握的一个发展机遇，也是未来专题馆开发自身特色资源的最佳途径。专题馆参与数字人文研究，资源开发是研究环境建设的切入点，基于分散和孤立存储的特色资源如何提升用户的资源发现能力，可以从知识挖掘、知识组织和知识开发三方面对知识进行深层面、智能化的挖掘和研究，开展新的数据库开发建设或已有特藏数据资源重建。在发展上实现从资源检索系统向研究环境建设的过渡，通过数据重组构建数字人文基础研究环境，尝试运用数字人文技术实现关联关系揭示、可视化检索与展示、时空分析、文本分析以及社会关系分析等功能，将数字化后的资源转换成可量化处理的数据，能够进行大规模数据分析、多种文本或文本库的相互连接，使用户能通过新型资源研究环境实现对资源的比对、统计和分析功能。

资源开发成果的展示平台，具备以下特点[114]：

（1）以内容合作的特征突出资源建设的完整性，提升资源快速一站式获取能力；

（2）丰富检索型数据库功能，通过分析工具的应用达到对数据深度挖掘的目的；

（3）由目录数据库到扫描图像与光学字符识别文本过渡，文献资源便于全文检索、文本挖掘、词频统计等，有助于用户发现除目录外的更多内容；

（4）多角度的精细化元数据加工，揭示文献内容和形式的多种属性。资源平台的建设，能为数字人文研究提供更深度的服务，也有助于专题馆对特色资源开发的规划。

## 三、研究范式的升级

传统的研究方法是用户通过人工阅读的方法搜集相关研究资料，图书馆提供纸本文献给读者，读者对文献进行类比、分析，形成逻辑架构，进行理论升华，最终得出研究结论；要么是通过录音、拍照、文字等方式对现存的各种文化成果或文化事实进行记录，形成研究成果；后来，随着计算机技术的飞速发展，图书馆可以提供图书、报刊、图像、古籍等数字化文献给读者，读者研究资料获取方式发生变化，日益便捷的数字化文献、数据库和检索系统成为越来越多读者的新宠。虽然读者仍然需要在数字化文献的字里行间中寻找线索，但不可否认技术在图书馆领域的应用极大地提高了人文学者的研究速度和效率、拓宽了人文学者的研究空间，正在不断影响着人文学科的发展。那么，数字人文究竟可以给人文研究带来哪些突破和创新？

人文计算领域的先驱，意大利著名人文学者罗伯托·布萨（Roberto Busa）认为人文计算化的最重要结果并不是加速传统人文研究的速度，而是给传统的人文研究提供新的研究方法和研究范式，这一解释表明数字人文的产生在本质上属于一种方法论和研究范式上的创新。[115]数字人文的内容主要集中在以下四个层次：人文数据库或数据集的建设，人文数字工具的开发和使用，创新人文研究方法和研究范式，人文领域的创造性建设。数字人文的落脚点在于，创新人文研究方法和研究范式，从定性到定量辅助加定性，在一定程度上将人文学者从机械、繁重的资料查找、文本比对等工作中解脱出来，使其在学术研究中具有更广阔的思辨、演绎、推理的空间。[116]毫无疑问，数字人文的应用对人文研究有着巨大的推动力，通过研究资料数字化、研究方法智能化、研究范式多样化，创新性地发现传统研究方法难以发现的问题，为人文研究范式的全面升级提供了有效手段。数字人文的核心价值是知识增值、培育创新、服务大众，越来越优质的信息与知识服务对学术图景产生了显著的影响，图书馆参与数字人文研究与实践的切入点无外乎资源和服务两方面，这对图书馆重新界定资源开发、资源建设、资源服务等功能拓展项目提供了新的契机。

就目前而言，图书馆参与数字人文研究与实践还处于探索阶段，可以与图书馆已发展成熟的嵌入式服务模式相结合，嵌入式服务是图书馆与读者建立直接对话并有效实现个人知识转移的重要途径，馆员明确角色定位、主动嵌入研究过程，与数字人文学者跨界协同合作，以协同工作的方式引领数字人文研究项目，将图书馆服务渗透到研究过程中，促进数字内容成果的转化，促进图书馆科研支持服务迈上新台阶。图书馆数字人文工作并没有从根本上脱离知识组织、对外联络和参考咨询等常态化的图书馆服务内容[117]，而是一种新的文献打开方式、查询方式和呈现方式，是人文学者需要的一种研究工具，图书馆成为创新思想之源，并承担着不可替代的关键功能。数字人文，它是伴随人文学者研究方式的变化而产生的，从资源服务研究角度看，数字人文即结合大量数字资源、用信息技术来从事人文研究[118]，是人文学科新的研究范式，既可以说是研究方法的创新，又是人文研究创新发展的推手。

## 第二节　资源内容的数字化开发

在知识经济时代和信息社会中，信息资源已成为一种重要的社会资源，其实质是人类通过创造、收集、积累、传播而形成的一种知识资源和智力资源，图书馆在信息资源加工整序方面具有优势，开发专题综述、专题文摘、地方文献书目型/题录型/事实型等文献信息产品已成为常规工作，全方位揭示各类实体和虚拟资源，构建便捷的信息通道和知识平台也理所当然地成为图书馆的神圣职责。

专题特色资源既包括了图书、期刊、学位论文等传统文献资源，还包括了如书评、口述资料、剪报、手稿、信札、公文、小册子等各种特殊类型的文献资源，只要是与专题相关的资源，类型不拘，均予收藏，不但丰富了收藏的范围，而且形成了独一无二的资源。

浦东图书馆新馆 2010 年开馆，馆龄很短，即使追溯到老馆也是新世纪才建馆，在馆藏上缺少历史积累，而以保存文化遗产、传播知识信息、开启智力资源为己任的工作者们在发展浦东图书馆的过程中，更关注发展内涵而不是外延，既不妄自尊大、也不妄自菲薄，采用“开发性建设”的方式，开发和建设并举，以“创作”为理念，在资源开发过程中逐步建设和积累特色资源，避免抄袭模仿、千篇一律，促使特色资源数字化开发进程中能有所突破，这种突破可以将特色内容的建设推进到一个新的层面。资源数字化发展是一个工程巨大且价值无量的系统工程，着眼点在本地特色资源，开发形成具有规模的特色数据库群，馆藏越有特色越有被利用和共享的价值，浦东图书馆在研究用户需求、资源状况、竞争策略 3 方面业务环境的基础上寻找新的业务增长点，制定出一系列的数字化开发项目，后文从文字型、音频型、视频型这 3 种文献信息表现形式中，选取了档案资料数字化、口述历史、文献专题片这 3 个具有浦东特色的项目为例，打造“浦东原创”的精品，试图对地方资料和特色馆藏的开发性建设有所助益。

## 一、档案资料的数字化开发

文字型资源是图书馆最传统、最主要、最基本的资源形式，图书馆在考虑馆藏资源开发时，最基本的入手点即特色资源内容的数字化工作，数字化的文献类型包括普通图书、工具书、教学参考书、古籍善本、档案资料等。就目前来说，现代信息处理技术对文字型资源的处理是较为先进和完善的，比图像、音频、视频信息领域的技术发展更为成熟和稳定，文字型资源在信息检索、内容挖掘、资源共享等各方面都具有明显的优势。但从开发水平来看，大部分图书馆还仅是在数字化扫描，总体处于资料库的建设阶段。可以预见的是，数字人文作为一个不断变化和再定义的新兴领域，在跨界与融合中发展与前行，对图书馆资源内容的数字化工作提出了更高的要求，图书馆的数字化开发水平也会得以提升。

浦东图书馆在自身特色馆藏的基础上，关注浦东地方文献，一系列的开发项目在建设或计划中，如浦东地方志数据库、浦东历史资料库、浦东名人档案库、浦东开发开放数据库、浦东自贸区资料库等，浦东的地方史料、百姓家谱，浦东历史名人的文集、手稿、书信、日记，浦东开发开放及发展，以外高桥保税区为核心辅之以机场保税区、洋山港、临港新城的自贸区，以张江和临港为主战场的科技创新中心等，这些都是浦东特色的凝聚，对这些馆藏资源分类建库，形成具有特色的数字化资源体系成为深层次开发的首要内容，通过数字化工作将文字型资源转变为数字信息，这个转化使固化的纸质文献活化起来，成为可以用计算机技术处理的数据库，将资源按细目分类扫描、加工、存储，运用数据关联与分析呈现出浓缩后的精华成果，为浦东文化研究的数字化发展和浦东文化的充分展示奠定了文本基础，在浦东文化的传播速度、传播范围和影响力度上有所拓展，浦东资源的数字化不是简单的扫描、还原、复制，而是一个具有创新性的研究进程，在这个数字化开发进程中会产生许多新的认识和发现。

### （一）资料整理分类

张闻天，杰出的无产阶级理论家和革命家，从遵义会议到抗战初期的中共中央总负责人（通称总书记），在中共党史上发挥的巨大作用铸就了他崇高的历史地位，是浦东历史文化名人。对张闻天手稿、书信、读书笔记等档案资料的搜集是浦东图书馆特色馆藏资源建设的重点，浦东图书馆专题馆在张闻天档案资料数字化开发的过程中，进行了资料整理分类、数字化扫描、主题标引等著录、挂接平台、知识加工与数据发布等工作步骤。

档案资料整理工作采取先按载体粗分、再按文献内容细分的方式进行初步的归类整理，分为七类："张闻天本人的研究文献、著作""他人对张闻天的研究""搜集张闻天过程中的资料""张闻天手稿原稿""题词""磁带/软盘等非纸质载体""其他（存疑）"，对这些初步分类整理好的资料，给予分类编号，建立数字版的张闻天资料目录，使目录中每一份文件都有一个与之相对应的唯一分类编号，目前已搜集整理了近万份资料。

### （二）数字化扫描

数字化工作开展伊始，需着手准备数据加工标准规范，必须从长远发展的角度考虑，选择合适的加工标准，确保在未来发展及后续数字出版工作中的清晰度和可用度。我国数字图书馆标准规范建设项目的成果《数字资源加工标准规范》《数字资源加工标准与操作指南》，以及国家档案局发布的《纸质档案数字化规范》，可作为数字化加工规范的参考。张闻天档案资料扫描的图像分辨率选择为600 dpi，为了不影响远程查询和浏览的速度，挂接入平台的图像会进行压缩。

为了保证档案资料的安全性，在加工合同中增加安全性和保密性的条款，采用驻场加工方式，场地安全防护应用人脸门禁监控，每天由专题馆员和加工人员进行档案资料的清点交接，门、窗、电定时检查，计算机定期杀毒、数据定时备份。

张闻天资料数字化工作，在扫描设备上，主要应用平板扫描仪、高速扫描仪、大幅面扫描仪，纸张状况较差、过薄、过软或超厚的资料采用平板扫描方式，纸张状况好的资料可采用高速扫描方式以提高工作效率，大幅面资料可采用大幅面扫描仪，扫描色彩模式通常采用黑白二值，带插图或页面为多色的资料可采用灰度模式，有红头、印章或彩色照片、彩色插图的资料可视需要采用彩色模式。在存储和管理技术的选择上，以双控制器磁盘阵列为主、结合移动硬盘作为二级存储。数字化图像的质检工作与数字化扫描工作同步进行，一检进行100%TIFF图像质检，二检进行100%TIFF原件对比，三检进行100%TIFF图像查重，三检后进行去黑边、纠偏、去污渍、版心居中等扫描图像优化，四检进行100%TIFF质检，最后进行30%TIFF抽检验收。在质检时发现不合格图像及时返回前一工序进行改正，验收完成的成品数据进行双备份存储，成品的格式保存有三种：TIFF、JPG、PDF。

### （三）主题标引等著录

对资料进行文本化，并在此基础上建设结构化数据的数据集，是数字人文最为基础的工作，但是目前这样的数据集并不多见。对于比较潦草的手稿等档案资料而言，OCR识别技术的识别率和精准度并不理想，主题标引以专业馆员的人工识别为主、OCR 识别为辅，也是数字人文中最耗人力和时间的工作。

以哈佛大学徐力恒博士在《数据驱动的史学研究——中国历代人物传记资料库的建设与使用》报告中所介绍的“中国历代人物传记资料库（CBDB）”为例，其将分散在史料中人物相关的非结构化文本数据进行结构化标引，如将人名（别名、字号）、时间、地址（籍贯、游学、入仕地等）、职官、入仕途径、著作、社会区分、亲属关系、社会关系、财产、人物参与的重大事件等标引转化为结构化的数据，并大规模著录，形成了一个超大规模的数据集。[119] 在对张闻天档案资料进行著录时，可以参考 CBDB 项目中的主题词以及我国数字图书馆标准规范建设项目的成果《国家图书馆管理元数据规范和应用指南》中有关基本元数据和专门元数据的标准规范，按照自身资料的特点设置主题词表和著录项目，每份资料的著录项目和提取的主题词全部录入数字版的资料目录。

### （四）挂接平台

挂接入使用平台的成品数据为 PDF 或 JPG 格式，提供网络访问扫描图像的压缩率选择，应在保证图像清晰可读的前提下，尽量减小图像大小为准则，以提升访问速度。扫描后的文件，用资料目录中的唯一分类编号进行命名，多页文件可采用该唯一分类编号建立相应文件夹，再按页码顺序对图像文件命名，图像文件的页数与资料目录中该份文件的页数应当一致。最终资料目录的分类编号与每一份相对应的图像文件名应是一致的、唯一的，两者之间建立起一一对应的数据关联关系，为实现资料目录与图像文件的批量挂接提供条件。通过编制程序或借助相应软件，将资料目录与图像文件利用网络及时加载到数据服务器端汇总，成品数据自动批量、快速挂接，不需手工挂接即可实现资料目录与图像文件与使用平台的无缝挂接。

### （五）知识加工与数据发布

图书馆作为资源提供者需拓展面向公开获取和使用的数量规模化、格式与主题多样性的数字化资源，知识发现和再利用支持服务应尽可能覆盖更广泛的受众群体，数字化服务的关键原则是为用户提供获取本馆所有数字资源的无障碍途径与方式，图书、期刊、报纸、照片、手稿、书信可以统一管理和检索。在著录项目和主题词编制的基础上，开展知识加工和数据的语义检索与发布，时间轴、地域轴、大事件等的可视化发布，人名、别名、字号、笔名、曾用名的一次检索，“遵义会议”关联“王稼祥”“张闻天”等的语义检索，以及检索结果地图显示、异体字与繁体字处理、数据安全加密、系统限制频繁恶意访问等。用户可以很方便地利用数据进行统计分析、群体分析、地理空间分析和社会网络分析，激发人们的想象力和创造力，为知识创新提供条件，成为日后经济、文化发展的催化剂，准确定位特色资源的数字化开发具有广阔的社会价值。

## 二、口述资源的实录与编研

我国图书馆对口述资源的收集和研究工作，表现为起步晚、成果少，对如何开展口述资源建设工作，尚未形成统一的规范和指导，在图书馆实践领域还处于摸索和总结的阶段。[120]目前诸多学者普遍认为口述资源是图书馆值得填补的空白，是图书馆资源开发值得关注的新领域。首先，从口述资源与文献的关系分析，认为两者是互证关系，口述资源也是文献，既实现了对文献概念的回归，又为通俗文献观增添了新的注解；其次，从口述资源与图书馆特色馆藏建设角度出发，认为借助口述资源可以形成新的特色馆藏，因为口述资源本身就是一种特殊的文献资料；最后，从口述资源与地方文献工作角度出发，认为口述资源的收集、整理工作，将有助于更为深刻地挖掘地方文献的史料价值。[121]

口述资源是多领域、跨学科研究的衍生品，至今尚无较一致的定义。1984 年，国际档案理事会出版的《档案术语词典》首次收录了口述档案这个概念，并将其定义为："为研究利用而对个人进行有计划采访的结果，通常为录音或录音的逐字记录形式"。在表达上，见诸各大专业报刊的如"口述文献""口述史料""口碑史料""口述史""口述历史""口述史学""口述档案""口述传统""口传文化""口头文学""口碑古籍""人类记忆"等[122]，都属于口述资源。口述资源多以个人叙述的形式呈现，内容多是亲历者个人的经历和记忆，通过音频等技术手段加以保存，对文献形式记录的内容是一种丰富、拓深和补充，可填补一些史料的部分空白。用口述挖掘历史、探索历史的众多可能性，构成了正在消逝的多层面的事界，提供一种观照历史的全新视角，唤起人们对历史的重新认知，为学习和研究开启了新线索之门，口述资源所具有的独特的文化意义便在于此。

目前开展口述资源建设工作的图书馆，多以口述历史为入手点，使地方历史人物、历史事件重新"活"起来，美国早期的口述历史机构很多都设立于图书馆中，在 20 世纪 70 年代就开展了口述历史的工作。口述作为一种历史记忆的载体，深藏在个人的头脑当中，它经历了一个由中心向边缘化的过程，要介入历史，除了之前所拥有的历史文献、历史遗迹之外，另一个重要的手段就是直接记录个人回忆。对于人类回忆的研究表明，个人回忆基本上都基于一定的视角，它们不是孤立存在的，而是同他人的回忆以及文化资料库里存储图像和材料联系在一起的，它们是不完整的、有限的和未成性的，是瞬息即逝和不稳定的。对于个人回忆的记录，口述方法的使用使得个人回忆破除了零碎、细小、片面等负面影响，开始有了一定的历史意义。[123]

浦东图书馆专题馆在口述资源的开发方面，开启了“口述浦东”项目，以“口述张闻天”为着手点，访谈张闻天的亲友和身边人，有的老同志在受访不久或我们还未来得及采访就与世长辞了，口述资源这种抢救性建设和保护的工作，无论是对传承人类社会记忆与文化遗产，还是对文献资源体系结构的开发性建设，都是非常必要和紧迫的。在口述项目的开展中，参考国家档案局发布的行业标准《口述史料采集与管理规范》，采用科学的采集方式和管理规范开发建设宝贵的精神遗产和不可再生的第一手资料。

### （一）访谈规划

首先，对项目涉及的人物和事件做背景资料搜集，拟定口述者名录，在访谈顺序上将年事已高者、身体不好者、时间久远的重大历史事件或重要活动列为优先。其次，多渠道寻找口述者联系方式，与口述者取得联系后，沟通了解口述人的生活习惯、语言表述、与访谈项目相关的范围等信息。再次，制定访谈提纲，围绕口述者的个人生活、经历和记忆拟定访谈的主题脉络，并与口述者沟通访谈主题。最后，制订访谈方案，依据已确定的访谈提纲和口述者基本情况，形成包括访谈时间、访谈地点、出访人员、设备、经费等计划的完整方案。

### （二）访谈流程

第一，进行设备调试，采用两台设备录制，防止访谈中出现没电、存储空间满或设备失效等意外状况。第二，按访谈提纲开始访谈，由采访者把握访谈时间和节奏，注重口述者讲述的细节，充分挖掘事件事实的内容，对涉及与其他口述者对同一事件描述信息不一致时，不做主观评断，保留其原始性。第三，在访谈中调整访谈提纲，可根据实际情况拓展提纲范围，补充和增添其他可能有价值的内容，对口述者提到的新信息点可追加问题。第四，在访谈达到预期目标后，口述者基本讲完，采访者这时对访谈中涉及的历史事件的年代、月份、日期、人名、地名，以及相关领域的专用名词等尚有模糊之处，可做再次的核实、确认和标识。第五，签署授权书，明确告知口述者采集的意义、目的、个人权益、法律保证等，签署书面授权。

#### （三）后期编研

第一，对口述内容应尽快整理、归档保存，音频、视频等数字形式的口述资源应双备份保存，访谈项目所产生的过程性文档也应一并归档保存。第二，制作口述历史纪录片，突出主题形成项目成果，使访谈到的资源“活”起来。第三，口述出版，以书籍出版的形式形成口述成果得以传承和保留。第四，建设口述历史资源数据库，树立保护人类文化和知识的大资源观，实现共享。

在口述资源的建设开发工作中，除了访谈口述者的实录和编研这种建设方式，还应征集、搜集、接受社会捐赠已有口述资源，在访谈的同时也可向口述者征集相关资源，图书馆通过各种渠道把口述资源收集整合成为馆藏的重要组成部分，对特色资源开发具有重要意义。

### 三、文献专题片的拍摄及传播

随着信息化时代来临，图书馆在自身馆藏的基础上结合新技术和新媒体，研究视频资源的建设和开发成为新的发展机遇。图书馆进行文献专题片的拍摄起源于全国文化共享工程的政策支持，全国文化信息资源建设管理中心每年向社会和各省的图书馆和文化共享工程省份中心征集视频资源，共享工程地方特色资源项目中视频专题片的大力实施也有效地推动了图书馆视频专题片资源的建设，制作出很多具有区域文化内涵的优秀资源，区域文化专题片建设成为了数字资源建设的重头戏和工作亮点。我国图书馆在文献专题片建设上已经取得了可喜的成果，如南京图书馆的“江苏红色记忆”系列专题片、湖南图书馆的“戏剧名家”系列专题片、安徽图书馆的“安徽古建筑”系列专题片、福建图书馆“闽南文化”系列专题片等，在选题上都注重独特性和地方性，深入挖掘地方文化的价值内涵。

地方特色是图书馆拍摄专题片的基础，图书馆尝试拍摄地方文化专题片，意味着图书馆开始利用现代新媒体技术对传统地域文化进行重新建构和阐释，其剧本创作也具有一定的区域化特征，会有意识突出对这种区域文化的重视和保护，这使拍摄主体在实际操作时能够游刃有余，也使专题片能更好地保留地域文化特征。[124]图书馆文献资源丰富，在拍摄专题片时往往会补充大量的历史文献、档案资料等，拍出的文献专题片往往会根据史实客观地反映地域文化的本来面貌和特征，使镜头背后涌现出一种强烈的保护和传承地方文化的意识，具备地方特色和史料价值。这种文献专题片注重历史的科学性和理性，通过影像的方式让读者真正了解历史，成为历史记忆的守护者和传承者。

文献专题片的拍摄，需要设备和专业人员，视频摄录和后期编辑设备是大额的经费投入，编导、摄像、灯光、剪辑、配音配乐等非常专业的工作都需要专业技术人员完成。图书馆在文献专题片建设模式上，可采用自主拍摄、外包拍摄或合作拍摄。

### （一）自主拍摄

图书馆投入经费购置摄像和后期编辑设备，培养馆员承担编导、摄像、剪辑等工作，部分难度级别高的工作外聘专业技术人员指导馆员工作。

### （二）外包拍摄

完全借助外力完成专题片的制作，通过签合同的方式进行项目外包，由外包公司进行策划、拍摄、后期制作等全部制作工作，图书馆负责选题、经费投入、专家评审等准备期和评审期的工作。

### （三）合作拍摄

图书馆在专业设备和专业人员缺乏的条件下，与电视台、传媒公司等机构建立合作关系，由合作机构承担拍摄任务，图书馆馆员全程参与拍摄过程，负责选题、剧本创作等体现专题片文化价值和史料价值的部分，视频拍摄的技术性体现由合作机构负责。

浦东图书馆专题馆在文献专题片建设方面，启动“浦东非遗”系列的拍摄工作，浦东派琵琶、浦东绕龙灯、浦东说书等非遗的专题片，采用合作拍摄的模式，浦东图书馆与浦东电视台建立项目合作关系，地方文献专题馆员全程参与拍摄工作，在完成拍摄任务的同时也培养了人才。在拍摄技术标准上参照《全国文化信息资源共享工程视频资源数字化加工格式规范 V2.0》，视频源质量达到广电播出级质量。

1. 选题与策划

依据《全国文化信息资源共享工程 2011 年度地方资源建设指南》，并结合浦东新区的地域性特征和可拍资源，以突出地域文化特色进行选题和策划工作。

2. 创作剧本

首先，专题馆员查阅本馆与选题相关的文献资料与线索，找到线索后扩展到全市范围寻访可拍资源。其次，图书馆与非遗项目所处街镇取得联系并发协助拍摄公函，得到相关部门的协助，专题馆员与编导共同调研走访非遗项目，明确拍摄重点和计划。最后，撰写脚本、明确分镜头并形成剧本。

3. 场景拍摄

由电视台工作人员主导场景拍摄，专题馆员参与其中，按剧本和拍摄计划进行。

4. 后期制作

由电视台专业人员进行剪辑、配音配乐、配字幕、配解说词的工作。

5. 专家评审

图书馆主导开展专家评审工作，邀请图书馆学专家、民俗学专家、技术专家共同组成专家评审团。按专家评审结论进行补拍和修改工作。

6. 传播宣传

文献专题片不仅能依托全国文化共享平台进行传播、纳入图书馆自建的地方文献数据库供读者查阅、利用馆微信平台进行推送，由于是与电视台合作的项目，在展示和传播上还具有独特优势，文献专题片在浦东电视台的黄金段栏目进行播出，提升了社会群众对非物质文化遗产的兴趣，得到社会良好的反响。同时还可以借助馆合作共建单位进行传播，文献专题片在馆附近的地铁站内播放。另外，伴随着浦东图书馆的国际化合作，文献专题片计划参加旧金山馆亚洲文化年的展播活动。

# 第六章
# 需求分析与服务设计的兄弟情

读者是图书馆的服务对象，是图书馆发展的内在驱动力，读者对图书馆存在和生存而言的重要性不言而喻。公共图书馆的服务对象有着千万种不同的姿态，图书馆的服务观念、服务方式、服务项目也随之不断变化创新。图书馆服务设计与读者需求分析相生相伴，从专题读者的需求分析入手，抓住读者对象的独特性，设计专题服务重点项目，既可以提升服务质量、树立图书馆公众形象，又体现了一座公共图书馆多元、包容的气质，展现图书馆作为城市文化地标的独特魅力。

## 第一节　专题读者群的培育与调研

专题资源的服务对象具有特定的读者群，这特定的读者群体即一般所言的重点读者，多是指那些在某专题相关专业或领域具有较高学术水平的专业从业者、学习者，或是对某专题感兴趣的读者，这些读者利用专题文献的目的是学习和研究。在新技术迅猛发展的环境下，怎么吸引读者走进和利用专题馆、如何实现读者触手可及的专题服务，这既是一种挑战，也是一个转变服务理念和工作方式的机遇。

专题馆需要焕发吸引力，需要核心读者群。专题读者的知识结构和知识需求随着专业领域的知识发展趋势发生着巨大的变化，我们必须关注专题读者需求的新特点，据此细分专题读者群，设计出能够满足不同细分专题读者群个性化需求的服务内容和服务方式，不仅关注已有读者，还需关注潜在的隐形读者，培育专题读者群，开发专题读者资源，使建设的特色专题周围凝聚着特定的读者群。专题馆提供的人与人之间的沟通内容被读者所接受和喜爱，专题读者在接受专题服务的过程中结识同道中人、聆听知识、参与到自己喜欢的活动中，这种文化需求的满足将影响到每位读者的工作、学习乃至生活的各个方面。这关系到专题建设与服务的效果，也关系到专题馆未来特色化发展和对社会作用的体现。

谈到专题读者群的培育，可以通过提高读者信息素养来培养专题读者的阅读兴趣和获取知识的能力，也可以通过加强服务与管理来赢得读者信赖，可采取的举措不胜枚举。从人的角度而言，馆员和读者，既是服务提供者与服务接受者的关系，也是在感情上相互影响的两个群体。

从馆员的角度，以专题馆员的魅力来发展读者。专题馆员是专题服务工作的第一责任人，是专题馆服务良好形象的营造者，专题馆员作为服务于一线的业务专家，其个人的性格、气质、学识、能力、品德修养等是赢得读者尊敬和追从的根本，对读者利用专题馆产生一定的影响。锻造专题馆员的人格魅力对发展读者群、凝聚读者群十分重要，有效地与读者沟通，使专题馆员能以深厚的文化底蕴、优秀的人格魅力、精进的专业素养感染读者、服务读者。

从读者的角度，以核心读者的活跃提升读者群凝聚力。构建读者组织，大力开展读者群活动，是专题馆培育读者群不可忽视的重要一环。读者组织的建立可增强读者与专题馆之间的联系，提高读者对专题馆的黏合度。在读者组织中，让那些对专题馆的文献及服务十分满意和信任的核心读者担当读者组织的自我管理者和组织者，密切专题馆与读者的关系，提高读者凝聚力。

读者是图书馆存在的根基，留住读者、发展读者是图书馆获得新生命力的引擎。专题馆要采取得力措施，从内部加强专题馆员素质提高和专题馆服务软硬件建设，从外部积极营造专题馆良好的服务氛围，以便捷的服务手段、周全的服务设施、个性化的服务内容吸引读者利用专题馆。同时，以读者需求为基本点，构建核心读者群，以此带动更多的潜在读者走进专题馆。[125]

专题的设置本身就具有地域性，其读者自身就具有鲜明的个性和特质，调研和分析专题读者的需求和特征，是专题馆开展专题服务的首要任务。浦东图书馆专题馆每年会开展读者调研工作，近四年，以四个主题为调研方向，分析与研究专题读者群，成为设计专题服务项目的重要参考依据。

## 一、读者满意度调研

### （一）调查设计及方法

在理论上借鉴 LibQUAL+™。LibQUAL+™图表化图书馆服务质量（Charting Library Service Quality）[126]，是美国研究图书馆协会（ARL）于 1999 年提出并实施的一种“以读者为本”评价图书馆服务质量的方法，突出读者在图书馆服务中的中心地位。LibQUAL+™评价的核心点是用户满意度，是一种用户视角下的满意度测量。

构建调查指标体系。调查问卷借鉴 LibQUAL+™的实践案例，依据《公共图书馆服务规范》，并结合新馆实际情况而设计。调查包括基本了解、满意度评价、开放式问题三个部分，其中第二部分是核心部分，包括测度读者满意度的 6 个一级指标 RSD = {I1, I2, …, I6} 和 24 个二级指标 Ii = {Ii1, Ii2, …, Iim} (i = 1, 2, …, 6)，见表 6-1。

**表 6-1 读者满意度调查指标**

| 一级指标 | 二级指标 | 一级指标 | 二级指标 |
|---|---|---|---|
| I1 整体环境 | I11 标识、指引设置 | I4 信息获取 | I41 开放时间（每周 73 小时） |
| | I12 环境的适宜性 | | I42 网站、微博、飞信群获取信息 |
| | I13 环境、设施的安全性 | | I43 每次可借图书/光盘的数量 |
| | I14 阅览环境（安静、文明、秩序） | | I44 图书检索的功能和结果 |
| I2 设备设施 | I21 计算机、视听、复印、打印等设备 | | I45 书刊排架的及时性 |
| | I22 网络环境（包括无线网） | I5 窗口服务 | I51 服务态度 |
| | I23 阅览区座位数量 | | I52 办证、借阅手续的便捷性 |
| | I24 自助借还机的便捷性 | | I53 首问责任制 |
| I3 文献资源 | I31 纸质图书馆藏质量 | | I54 回答结果（包括清楚度、准确度） |
| | I32 纸质报刊馆藏质量 | | I55 管理者的响应速度 |
| | I33 电子资源馆藏质量 | I6 读者活动 | I61 专题讲座活动 |
| | I34 新资源的更新速度 | | I62 电影放映活动 |

注指标内容经过简化。

在阅览区直接发放纸质调查问卷并回收，采用匿名调查方式在全馆范围内进行了一次读者满意度调查。问卷总计发放 500 份，回收 475 份，回收率 95%。通过对问卷的审核，剔除那些填答不全或明显乱填的废卷[127]，有效回收问卷 421 份，有效回收率 84.2%。将 421 份有效回收问卷作为案例数据，以 SPSS18.0、EXCEL、Word 工具作为统计工具，进行数据描述性定量分析。

### （二）总体满意度

根据对研究样本的整理和统计，读者总满意度为95.72%，远超过《公共图书馆服务规范》[128]中“85%（含）以上”的要求，而且“满意”的比例（60.87%）远高于“基本满意”的比例（34.86%）。总体而言，读者对各项服务比较满意。

调查的基本了解部分，用以了解读者来图书馆的目的及利用何种资源。在“读者来图书馆的主要目的”的调查中，读者自带资料来馆学习的比例最高，为77.67%，其次是借阅图书馆文献的读者占62.47%，而观展览、看电影、听讲座的读者占10.21%。“读者主要利用图书馆哪类资源”的调查中，利用纸质图书的读者占绝大多数，为84.56%，其次是利用纸质报刊的读者占18.76%，利用电子资源的读者占11.88%，利用视听文献的读者为9.03%。“读者利用图书馆资源主要用途”的调查中，拓展知识面的读者占63.18%，其次是搜集专业资料的读者占53.92%，还有31.12%的读者是为了休闲娱乐，获取最新信息的读者为22.33%。

### （三）调查指标满意度

在测度满意度的6个一级指标中，读者对“I5窗口服务”和“I1整体环境”满意度最高，分别为98.38%和98.04%，可见，读者对窗口服务的工作表示了极大的认同，也从侧面体现出窗口工作人员的态度和专业素质。读者满意程度较低的指标主要集中在“I2设备设施”和“I4信息获取”，分别为90.32%和94.25%。I22、I23两个指标影响了“设备设施”的满意度。在I4中，I41和I44的满意度分别为

91.92%和89.55%，反映读者希望增加开放时间和加强图书检索功能的意愿。

在24个二级指标中，满意度最低的三个指标是I22（79.6%）、I23（88.1%）和I44（89.5%），表明读者对网络、检索、阅览座位的需求正在扩大；满意度最高的三个指标是I12（99.5%）、I52（99.3%）和I13（98.8%），说明环境设施的适宜性、安全性，以及办证、借阅服务是比较出色的。

### （四）来馆目的与满意度

来图书馆的主要目的不同，读者满意度呈现出一定程度的区别。以自带资料学习为主要目的读者的满意度为95.80%，以借阅图书馆文献为主要目的读者的满意度为96.07%。自带资料学习读者“满意”选项比例（62.39%）比借阅文献读者“满意”选项比例（60.71%）高，而自带资料学习读者“基本满意”选项比例（33.41%）比借阅文献读者“基本满意”选项比例（35.36%）低。

### （五）资源用途与满意度分析

来馆获取最新信息的读者的满意度最高，为96.14%，来馆休闲娱乐的读者的满意率略低，总体来看，无论读者利用图书馆资源用于何种用途，满意度均高于95%。拓展知识面的读者“满意”选项所占比例最高，为62.28%，搜集专业资料的读者“满意”选项所占比例最低，为58.41%（见图6-1）。

## 二、专题文献服务需求调研

采用问卷调查方法以各专题读者为调查对象进行研究。各专题馆员

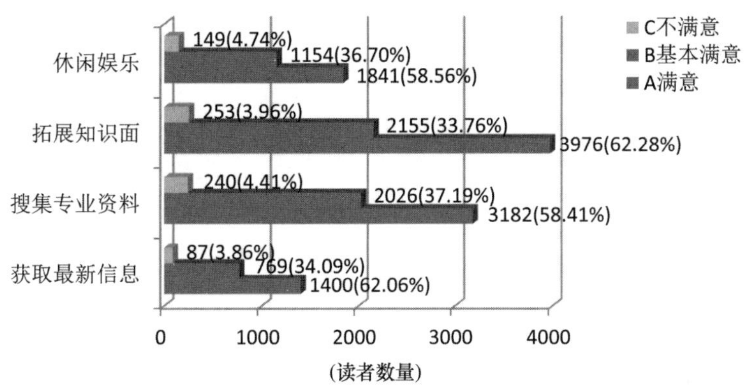


图 6-1 不同资源用途读者的选项对比图

历时两个月的时间在各自专题区域对正在阅读本专题文献的 300 位读者发放并回收调查问卷，目的是有针对性地调研各专题读者的特点和文献需求。

考虑到各专题既有共性，又各具特色，此次问卷设计分三个阶段进行：

第一阶段，向专题馆员征集各专题需要调研的问题；

第二阶段，根据需要调研的问题设计各专题统一的问卷模板；

第三阶段，各专题馆员根据各自专题的读者和文献特点，在问卷模板的基础上设计某些问题的特色化选项，并可添加 1～2 个特色化问题。形成最终对各专题都有针对性的问卷。

### （一）读者基本情况

专题读者整体的学历层次较高，本科及以上占比 80.67%，读者要求及需求的服务层次也较高（见图 6-2）。

专题读者结构调研中，金融、法律、艺术·时尚、教育、科技具有相关专业和行业背景者占 58%，普通读者占 42%。在文献建设和活动

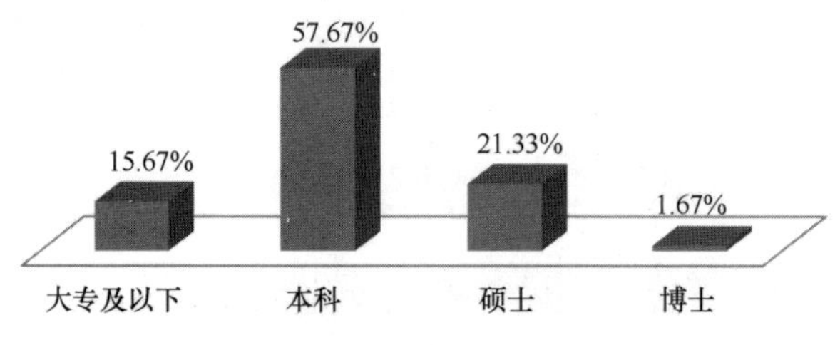


图 6-2　读者学历情况

策划时，可综合性考虑专业性和普适性的关系。另外，地方文献、参考两个专题的读者职业具有分散性的特点，来自于各行各业。

### （二）知晓专题文献的途径

读者对专题文献的知晓途径主要是通过到馆后发现的，通过朋友推荐而知晓的读者将近两成，说明专题文献在质量上是受读者认可的，在具有相关行业背景的读者中具有一定的影响力。但通过讲座活动而知晓的读者占比较少，应更加大力地推进专题活动的开展，将专题文献的阅读推广融入读者活动中（见图 6-3）。

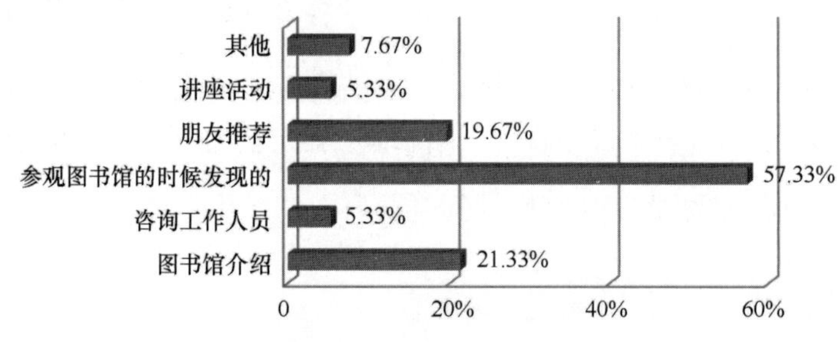


图 6-3　知晓专题文献的途径

### （三）利用专题文献的用途

读者利用专题文献主要用于学习知识、工作需要，目的在于提高自身知识技能和实际工作需要，大部分读者是带着目的来寻找或阅读专题文献的，而仅是随便看看或是来休闲娱乐的读者占比较少（见图 6-4）。

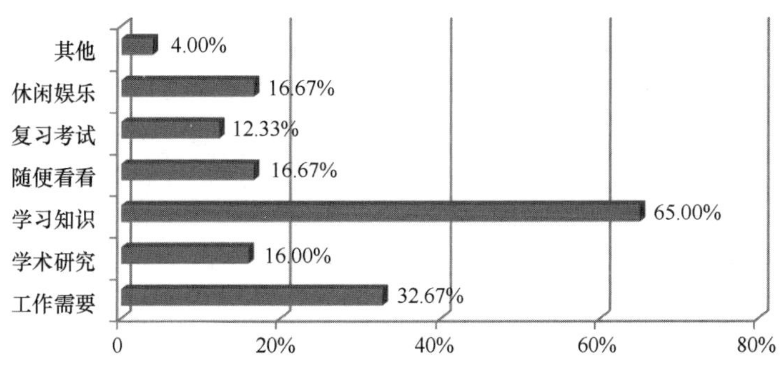


图 6-4 利用专题文献的用途

（四）喜好阅读的类目

金融专题读者对投资类文献最为喜爱，达 76%；对货币类、银行类文献次之，均占 32%。随着互联网金融的繁荣发展，在全民理财的浪潮下，读者对投资的热情高涨。地方文献专题读者对历史文献、地方志的喜好度略高，达 55%；对报刊、名人传记的喜爱度次之，分别为 19% 和 17%。地方文献是本地区历史文化的传承，是读者了解和研究本地历史的重要窗口。法律专题读者对民商法、经济法类的文献最为喜爱，达 83%，其中以海商法、民法为主要代表，海商法的热度与上海建设国际航运中心的战略发展方向密切相关，而民法是面向普通公民的，与普通公民的日常生活紧密相连。科技专题读者对科技发展类文献阅量相对较高，其次为新技术类文献。教育专题读者对家庭教育和考试类文献最为关注。相对上述专题而言，艺术 · 时尚专题文献的受众较广，在艺术学、绘画、书法、摄影、音乐/舞蹈、影视/动画、收藏、旅游方面的阅览热度均较高。参考专题读者对文献的阅读较为分散，以 I 类文学、F

类经济、K类历史地理的文献热度最高。

### （五）需要加大采购力度的类目

金融专题读者对外文类文献的需求较高，无论是期刊还是图书，读者均希望加大对外文文献的采购需求。金融专题读者中专业读者占比约50%，研究型需求旺盛，而读者个人购买外文文献的渠道少、支付不便、价格高，因此金融专业读者更希望图书馆能购买外文文献。

地方文献专题读者对文献的需求与文献阅读的热度相一致，从地方文献的收录原则来看，符合收录范围的文献应全部采购，而仅通过书商采购并不能实现文献全覆盖，因此此专题文献的建设还需通过征集、交换、捐赠等方式来扩展文献量。

法律专题读者对考试类、法律法规、外文文献、法学理论、数字资源的需求比重相对均匀，有读者特别提出对案例文献的需求。从此次调研法律专题的读者构成来看，约三成为专业读者、七成为非专业读者，这七成中有部分的读者是来查找法律条文、查找可供参考的案例，寻找文献记载中与自己情况相似的案例是如何判决的，还有部分读者是来备考司法考试、法律研究生考试、注册会计师考试的，考试周期内法律专题读者会阶段性增多。

教育专题读者对中文文献的需求比例高于外文文献的需求比例。

科技专题读者对新技术应用方面的文献需求量较大。

艺术·时尚专题涉及类目较广，应加大对读者喜爱文献的采购力度。

参考专题中文文献的新书更新量应增多，更新一些质量高、适合深度阅读的参考文献。

### （六）文献更新的及时性

总体而言，66%读者认为文献更新是及时的。32.33%读者在文献更新及时性上有更高要求（见图6-5）。

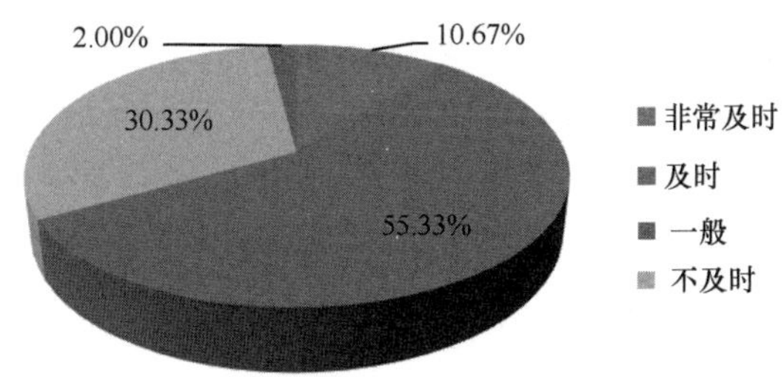


图6-5 文献更新的及时性评价

### （七）对专题馆员的知晓度

读者对专题馆员的知晓率仅为20%，一是因为聘任时间不长；二是因为没有对专题馆员加以宣传。可考虑将专题馆员作为资源宣传推送出去，同时加强对我馆专题设置的宣传，扩大专题文献、专题馆员在读者中的知晓度。

### （八）利用专题文献的困难之处

41.33%的读者具有自主利用文献的能力，但仍有15.67%的读者不会使用检索系统，需要馆员在提供咨询的过程中“授人以渔”。16.67%的读者会使用检索但找不到文献，一是因为对专题文献馆藏布局不熟悉，需要馆员的指引帮助；二是应该降低排架的错架率，使读者更易于找到文献；三是有其他读者正在利用此文献，请读者稍后再找。22%读者需要的文献缺专题馆藏，一方面是督促专题馆员加强专题文献的查缺补漏，补充缺藏文献；另一方面是因为读者需要的文献不属于专题馆藏范围，读者可在其他区域寻找到需要的文献（见图 6-6）。

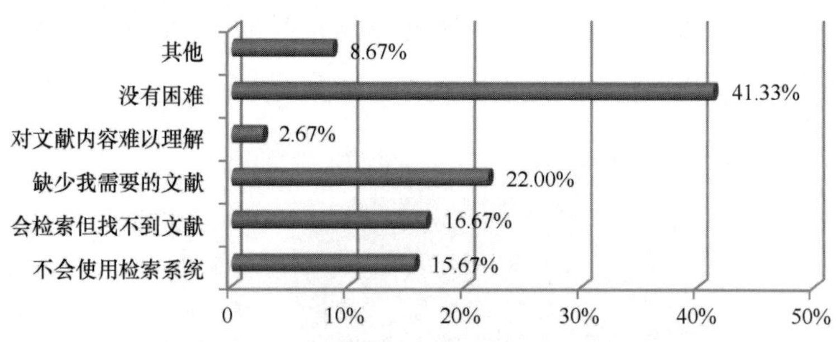


图 6-6　利用专题文献存在的困难

## （九）希望专题馆员提供的帮助

读者最需要帮助的是在文献方面，读者对文献质量的要求越来越精，需要在精品、经典文献方面的指引和推荐。另外，读者对活动的需求占比次之，专题馆员在读者活动的组织上应更用心（见图 6-7）。

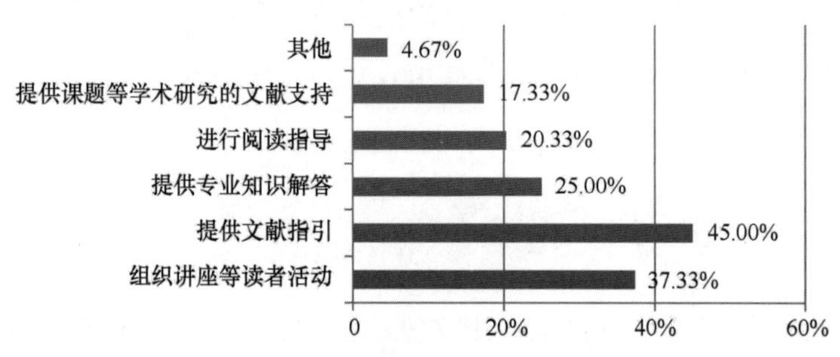


图 6-7　希望得到的服务

## （十）期待进一步完善的工作

专题需要完善的工作主要集中在文献、活动两个方面，其次需要关注的是咨询解答的专业性、对研究的支持力度（见图 6-8）。

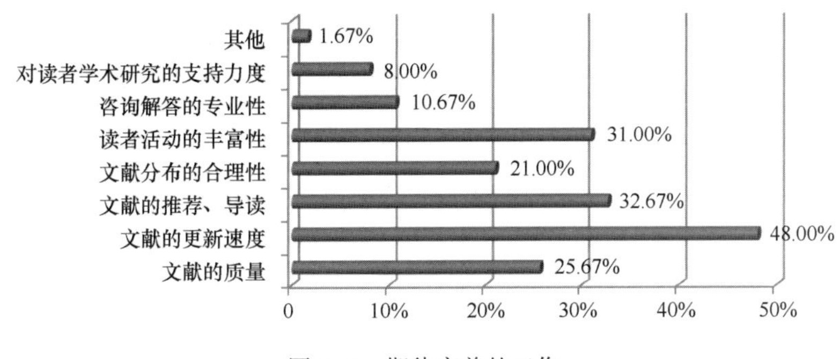


图 6-8 期待完善的工作

## (十一) 数字资源使用及需求情况

经常使用者占35.33%，基本不使用者占43.33%，有15%的读者基于两者之间，属于使用数字资源但频率不高者。浦东图书馆已订购的与专题相关的数据库数量并不多，基本以综合性数据库中的某个类目为主，因综合考虑到读者利用率、数据库的租用性、专业库价格高、我馆网络条件等因素，并未大力建设，故在数字资源利用调研结果上也并不理想，详见表 6-2。

**表 6-2 数字资源使用情况**

| | | |
|---|---|---|
| 经常使用 | 电子图书 | 26.00% |
| | 电子期刊 | 26.67% |
| | 其他专业数据库 | 11.00% |
| 基本不使用 | 其他途径可以获得 | 15.67% |
| | 不了解数字资源 | 31.00% |
| | 不会使用数字资源 | 7.00% |
| | 种类太少，找不到所需资料 | 4.00% |

经常使用数字资源的读者对电子图书和电子期刊的使用比例相当，对综合性数据库的利用率明显高于专业性数据库。专题读者中有部分行业从业者可以从其他途径获得数据资源，对图书馆数字资源使用较少；有38%的读者是因为对数字资源不了解、不会用而基本不使用，应对已购资源加大宣传和培训力度。

### （十二）外文文献的需求情况

对专题外文文献有需求的读者占38.40%，其中有10%的读者表示仅看英文文献就可以，对其他语种的需求见表6-3。

**表6-3 外文文献语种需求情况（除英语）**

| 外文语种 | 需要人数 | 需求占比 |
|---|---|---|
| 日语 | 41 | 16.40% |
| 韩语 | 15 | 6.00% |
| 德语 | 26 | 10.40% |
| 俄语 | 5 | 2.00% |
| 其他 | 12 | 4.80% |

浦东图书馆外文文献语种以英语为主，有少量韩语、德语文献，读者对除英语之外的其他语种文献有需求，可以考虑与外语高校馆等机构联系通过文献互换、接受捐赠、购买等方式，丰富外文馆藏语种结构。

## 三、专题文化活动调研

采用问卷调查方法以专题活动参与者为调查对象进行研究。各专题馆员历时九个月的时间在专题文化活动现场随机抽样对正在参与活动的

450位读者发放并回收调查问卷，目的是有针对性地调研各系列专题文化活动的读者需求和兴趣。

### （一）获取专题文化活动信息的途径

随着手机上网的普及，微信在读者中的普及程度很高，浦东图书馆的官方微信是多数读者获取活动消息的重要渠道，占比达48.2%，图书馆内的电子宣传屏、官网、微博获取活动信息的占30.6%，亲友之间的口碑推荐是第三大途径占12.6%（见图6-9）。

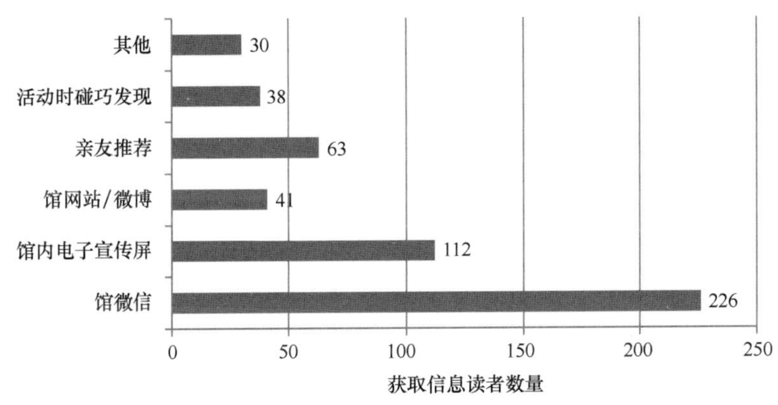


图6-9　获取专题文化活动信息的途径

### （二）活动参与情况

调研对象中第一次参加专题文化活动的读者有284人，占到了63.11%，以前参加过专题文化活动的读者为166人，占36.89%。参与活动的新读者超过六成，在专题文化活动开展的起步阶段读者黏性还较弱，宣传推广普及的任务任重而道远，如何增加活动的吸引力、抓住新老读者成为稳定的受众群是我们必须要思考的课题。在近四成的“老面孔”中，有不少我们在专题阅览区中经常看到的身影，参与过人数最多的已办活动是摄影主题的讲座，也是以往专题文化活动举办期数最多的一个主题，已然有一部分相对固定的“粉丝群”，稳定的专题读者群正在日益形成，他们在自己的摄影圈宣传专题文化活动的摄影讲座，相互推荐转告，具有一定的影响力。

### （三）对活动形式的偏好

不同的专题读者对活动形式有不同的偏好，大体上而言，金融、法律、教育、地方文献四个专题的读者，“主题讲座”的选择达 81.33%，无疑是最受欢迎的活动形式，“案例分析”的比例为 41.67%，“读书交流”为 24%。在活动策划时可以考虑多种形式，还有读者表示可以组织多个讲师组成的圆桌讨论、行业专家交流、短期系列培训、微信群讨论、分组讨论等形式，这对于开展活动都有一定的启发性。艺术·时尚、科技两个专题的读者，倾向的活动形式主要集中于讲座（77.33%）、展览展示（72%）、DIY 动手活动（49.33%），这两个专题的活动内容较上述四个专题来说更为丰富，形式上也有更多的发挥空间，今后在活动策划时可以考虑增加互动活动的比重，提高读者的参与程度，增加读者参与热情。

### （四）感兴趣的活动主题

金融专题活动的主题关注点在金融热点问题、宏观金融形势、微观金融、金融历史方面；法律专题读者对婚姻、继承、食品安全、社会热点事件、房屋租赁买卖等方面的案例更感兴趣；教育专题读者更希望开展升学政策解读、家庭教育方法、国际教育形式、名校特色宣讲等方面活动；地方文献专题更偏向于浦东民俗、浦东历史、浦东人物故事等故事性强的主题；科技专题读者对高层次的科普讲座需求旺盛，对动手体验的活动更为青睐；艺术·时尚专题读者的需求面较广，摄影、园艺、旅游、手工艺、收藏鉴赏、服饰化妆等方面都有需求，需先抓重点、由点及面做出亮点。这些读者兴趣的调研对于专题文化活动主题的选择提供了参考方向。

### （五）适宜的活动频率与时间

对于读者愿意参加活动的频率方面，有 67.33%的读者认为每月一次较为合适，13.67%的读者选择了每两个月一次，10.5%的读者认为是每三个月一次。在活动频率上每月一次为宜，专题文化活动应以质取胜，以打造精品活动作为目标。

在活动开展时间的选择上，76%的读者认为合适的活动时间是周末下午，选择周末上午占到 18%，仅有 6%的读者选择工作日的时间，所以相比较而言，周末下午是开展活动的更佳时间（见图 6-10）。

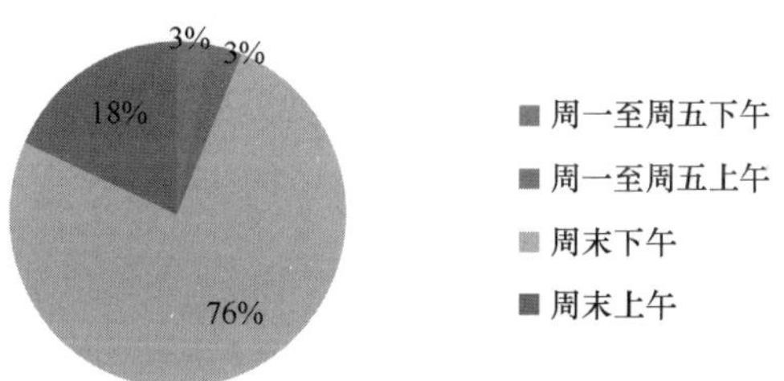


图 6-10 希望的活动开展时间

在每场活动持续时间的选择上，52%的读者选择 2 小时，38%的读者选择 1.5 小时，9%的读者认为一小时足矣，因此，大多数读者能够接受的活动时长为 1.5~2 小时。

### （六）对相关文献推荐的关注

各专题在每场活动的暖场时间以 PPT 的方式在投影通过屏幕滚动

进行相关专题文献推荐，或在活动结束前由专题馆员对相关专题文献进行推送宣讲。调查中有77%的读者关注到并且喜欢这种推荐形式，这也是专题活动推进专题文献利用的一个方面，详见表6-4。

**表6-4　是否关注过活动推荐的相关书目**

| 选项 | 占比 |
|---|---|
| 会，对我有所帮助 | 77% |
| 不会，对我没有什么帮助 | 0% |
| 没有注意过 | 23% |

## 四、专题阅览区读者行为调研

采用瞬时观察法以“读者在阅览区做什么”为主题进行调研。馆员在为期一周的时间里，在每日下午时段采取瞬时抽样的方法，对抽样研究样本在某一时间点的阅读行为进行观察记录。抽样研究样本为专题阅览区内的3 588位（工作日1 831位，周末1 757位）读者，观察内容为年龄、性别、行为三项。

从表6-5中可见，阅读本馆专题文献读者为43. 84%，自习和阅读自带文献读者占28. 43%，用电脑的读者占17. 14%，看手机的读者占6. 44%。

**表6-5　读者阅读行为人数比例（瞬间抽样）**

| | 工作日人数 | 周末人数 | 合计人数 | 工作日占比 | 周末占比 | 合计占比 |
|---|---|---|---|---|---|---|
| 阅读本馆专题文献 | 759 | 814 | 1573 | 41. 45% | 46. 33% | 43. 84% |
| 自习（写作业、做习题、家长辅导） | 332 | 487 | 819 | 18. 13% | 27. 72% | 22. 83% |

续表

| | 工作日人数 | 周末人数 | 合计人数 | 工作日占比 | 周末占比 | 合计占比 |
|---|---|---|---|---|---|---|
| 用电脑阅览网页 | 227 | 150 | 377 | 12.40% | 8.54% | 10.51% |
| 看手机 | 141 | 90 | 231 | 7.70% | 5.12% | 6.44% |
| 阅读自带文献 | 117 | 84 | 201 | 6.39% | 4.78% | 5.60% |
| 用电脑写论文/做报表/写邮件 | 110 | 39 | 149 | 6.01% | 2.22% | 4.15% |
| 闭目养神、玩游戏、听音乐等 | 58 | 41 | 99 | 3.17% | 2.33% | 2.76% |
| 用电脑看视频 | 49 | 17 | 66 | 2.68% | 0.97% | 1.84% |
| 一起讨论学习 | 16 | 34 | 50 | 0.87% | 1.94% | 1.39% |
| 用电脑炒股 | 22 | 1 | 23 | 1.20% | 0.06% | 0.64% |
| 合计 | 1831 | 1757 | 3588 | | | |

从工作日与周末的对比来看，周末阅读本馆专题文献和自习的读者比例略高，工作日用电脑、看手机、阅读自带文献的读者比例略高。

从表6-6中可见，专题阅览区内的读者以青年（25~44岁）读者居多，比例达到73.58%，青少年（小于25岁）读者的比例为22.24%。总体而言，年轻读者占了绝大多数（95.82%），而中老年读者占比（4.18%）很少。

**表 6-6 读者年龄、性别人数比例（瞬间抽样）**

| 年龄 | 性别 | 工作日人数 | 工作日占比 | 工作日合计占比 | 周末人数 | 周末占比 | 周末合计占比 | 总人数 | 总占比 | 总合计占比 |
|---|---|---|---|---|---|---|---|---|---|---|
| 青少年（小于 25 岁） | 男 | 121 | 6. 61% | 15. 35% | 189 | 10. 76% | 29. 43% | 310 | 8. 64% | 22. 24% |
| | 女 | 160 | 8. 74% | | 328 | 18. 67% | | 488 | 13. 60% | |
| 青年（25~44 岁） | 男 | 810 | 44. 24% | 79. 46% | 599 | 34. 09% | 67. 44% | 1 409 | 39. 27% | 73. 58% |
| | 女 | 645 | 35. 23% | | 586 | 33. 35% | | 1 231 | 34. 31% | |
| 中年（45~59 岁） | 男 | 56 | 3. 06% | 3. 93% | 27 | 1. 54% | 2. 22% | 83 | 2. 31% | 3. 09% |
| | 女 | 16 | 0. 87% | | 12 | 0. 68% | | 28 | 0. 78% | |
| 老年（60 岁以上） | 男 | 20 | 1. 09% | 1. 26% | 12 | 0. 68% | 0. 91% | 32 | 0. 89% | 1. 09% |
| | 女 | 3 | 0. 16% | | 4 | 0. 23% | | 7 | 0. 20% | |

在年轻读者中，男性读者与女性读者的比例大体相当。小于25岁的读者周末到馆人数比工作日多（女孩尤为明显），自习的读者比例高于平均值（占比为36.34%）。25~44岁的青年读者周末到馆人数比工作日少，读者用电脑的比例高于平均值（占比为20.42%）。

在中老年读者中，男性明显多于女性，工作日到馆人数比周末高，且绝大部分人是在利用本馆文献。相对而言，中老年读者对报纸、期刊比对图书更热衷。

从表6-7中可见，专题阅览区共设阅览座位1 180个，东西两面各192个，南北两面各398个。读者相对愿意选择正南面和正北面的座位，这两个方位靠近出入口、出入方便，正南面比正北面的上座率高，这与文献布局有关，南面各专题的文献比参考的工具类、套装文献更有吸引力。东西两面比较而言，东面的上座率相对高些，这也与文献布局有关，东面是艺术·时尚专题，西面是法律、金融专题，艺术类文献利用率相对高些。

**表6-7　读者人数分布统计表（瞬间抽样）**

| 统计区域 | 座位数 | 总人数 | 工作日人数 | 周末人数 | 总人数/座位数 | 工作日人数/座位数 | 周末人数/座位数 |
|---|---|---|---|---|---|---|---|
| 东面 | 192 | 541 | 263 | 278 | 2.82 | 1.37 | 1.45 |
| 西面 | 192 | 474 | 227 | 247 | 2.47 | 1.18 | 1.29 |
| 北面（偏西） | 82 | 216 | 102 | 114 | 2.63 | 1.24 | 1.39 |
| 北面（正北） | 186 | 614 | 321 | 293 | 3.30 | 1.73 | 1.58 |
| 北面（偏东） | 130 | 396 | 179 | 217 | 3.05 | 1.38 | 1.67 |
| 南面（偏西） | 130 | 325 | 184 | 141 | 2.50 | 1.42 | 1.08 |
| 南面（正南） | 138 | 634 | 360 | 274 | 4.59 | 2.61 | 1.99 |
| 南面（偏东） | 130 | 388 | 195 | 193 | 2.98 | 1.50 | 1.48 |
| 合计 | 1180 | 3588 | 1831 | 1757 | — | — | — |

通过上述四个近年来的读者调研与分析，可发现我们在服务工作中存在的具体问题，找到读者需求与提供服务之间的差异，为服务的改善起到积极的参考作用。但调研也存在局限性，调研内容不可能覆盖全方面的业务工作，在实际工作中，我们还需从不同角度更全面地评价专题工作，不断自我调适、优化服务，在满足读者期望需求的同时送出意外惊喜，让每一位专题读者都乘兴而来，满意而归。

## 第二节　按需设计专题服务项目

学术出版与学术资源联盟（SPARC）的联合创始人弗雷德里克·佛兰德（Frederick Friend）曾对图书馆的演化作出精辟总结[129]：图书馆史即服务史，说明无论环境怎样变迁，服务一直是图书馆所保持和弘扬的核心价值，为读者提供必要的服务这一目标也被全世界的图书馆所共享。服务的提升需要一个循序渐进的过程，无论是基础服务还是深度服务，服务设计者都要像一家公司的经营者一样去思考供需关系，需要具有注重服务对象反馈的意识和评估更新、改进服务的详细方案，理解服务对象真正想要怎样的帮助，寻找读者需求与专题馆发展的契合点，这就需要进行服务设计，提供各种需求驱动的馆藏构建计划和服务定制计划。

服务设计是服务过程的第一步，最为关键。服务设计是有效地计划和组织某项服务中所涉及的人、基础设施、通信交流以及物料等相关因素，从而提高用户体验和服务质量的设计活动。服务设计以使用户满意为目标，用户需求获取的质量直接影响服务设计的质量。因此，服务设计围绕用户需求而展开，在调查研究的基础上对用户需求进行整理和分析，对重要的用户需求应在服务设计中优先加以满足。[130]

专题图书馆大都选取当地一些地理资源特征、文化地域特征、人物、事件、具有较大影响的支柱产业为建馆依据，因此，其服务目标和服务方向是清晰明确的。专题馆员依托专题资源开展专题服务，重在读者需求的满足度，贵在注重普及又凸显特色，其途径主要体现在专题服务项目的设计，打破馆界限制，走出去寻找与挖掘更有效的服务项目，针对不同的用户需求，逐渐形成多层次、多类型、全方位的服务体系，为特定用户开展特色服务工作。

## 一、专题文献信息服务

资源是专题服务的基础，是特色服务的源泉，没有资源的服务就成了无源之水。专题馆资源的构成无外乎三个方面：文献资源、馆员资源、设施资源。专题文献服务既包括提供专题文献线索或专题文献原文的基础服务，也涵盖汇编等类型的文献产品服务。

我们不能忽略在图书馆血脉中生长的基础服务，基础服务更贴近读者的生活，是图书馆与读者交叉点最频繁之处，也是读者活跃度最高之处，因此我们定要重视专题文献的建设与服务工作。专题文献阅览服务和参考咨询服务，是专题的最基础服务项目，涵盖专题文献导读、专题文献推荐、专题文献查阅、数据库查询等众多内容，还有经过资源整合加工后提供的二次文献、三次文献产品。新时期读者对文献服务期望大幅度提高，专题馆更需要通过高效的服务组织使各类读者获得更具针对性的服务，按主题设置特色小专架不失为一个好方法。

专题信息服务提供专题相关的信息及查询服务，是对以提供单元文献为单位的文献服务的突破。各专题除提供相关专题领域信息服务外，政府信息公开可成为其中一项服务内容，帮助读者了解并及时跟踪所需的信息动态。读者需要多层次的文献信息服务，专题馆应加大信息资源的开放力度，以使读者获取到快、准、深的专题信息资源，获取符合自身需求的个性化信息。

## 二、专题咨询服务

专题咨询服务是专题馆员关注专题研究动向并通过创造性劳动提供实用、准确、及时的咨询服务，或可以提供相关主题的专业资源和导航，或可以帮助企业决策者掌握市场信息、产品信息，或可以为科研活动提供第一手资料支持，或可以为政府部门制订本地区社会发展规划出谋划策。一言以蔽之，是一种个性化、专业化、知识化、精品化、高技术和创造性的专题服务，专题馆的特色服务可以实现知识增值，因而其潜在的社会效益和经济效益是无法估测的。

在互联网极度发达的今天，专题咨询服务的阵地不仅在现场窗口服务，还在数字图书馆平台有一席之地。虚拟参考咨询服务，是数字图书馆利用网络技术推出的一种参考咨询服务形式，是图书馆传统业务在网络环境下的延伸。无论是从技术层面，还是从业务层面来看，虚拟参考咨询系统对于数字图书馆服务能力和服务效果的提升都有着显著的帮助。然而尽管虚拟参考咨询使用了很多最新的技术，服务效果也不错，却难以引起普通民众的关注，因此，窗口咨询和虚拟咨询这两块阵地互相补充，相辅相成，各自对应不同层次的读者群体，也为读者提供多种咨询渠道。

## 三、专题培训服务

《图书馆服务宣言》指明了："图书馆努力促进全民阅读。图书馆为公民终身学习提供保障。"[131]图书馆作为社会文化教育平台，具有教育属性，基于教育公平的思想，每位公民都有享受图书馆服务的权利，图书馆也为社会各阶层人群提供了平等受教育的机会。美国图书馆学家谢拉曾指出：学校和图书馆间教育功能的区分从来都不是很明显，各自职责的区分却是非常明显的。图书馆是自我教育的最主要服务机构，公共图书馆在美国有“民众的大学”（People's University）之称。[132]教育公平是社会公平之基础，公共图书馆是公民的终身学校，其教育职能不仅帮助读者获得实用技能，也有助消弭现今社会浮躁之气，提升公民精神境界。专题培训服务，根据读者需要，进行课程化设计，与社会机构合作，以多种形式开展实用性培训或自主学习支持服务，整合各类学习资源提供公益学习平台，更好地发挥图书馆教育职能。

## 四、专题文化活动

信息技术的发展导致了新阅读（新的阅读载体、新的阅读形式、新的阅读环境）的出现，图书馆必须成为这场阅读革命的一部分，尝试新的读者服务。[133]图书馆阅读活动有助于改善“阅读危机”，引导读者回归传统和经典，发挥图书馆的文化引领作用，以此塑造公民文化基础，达到文化认同。专题文化活动是专题文献和市民读者之间的一架桥梁，是研究型文献进行阅读推广的一种形式，大力整合与利用社会资源，积极开展跨界合作，策划举办、承办各种形式与专题相关的文化活动。专题文化活动也是专题建设与专题读者之间的黏合剂，通过活动的开展，吸引更多读者关注专题建设、参与专题活动、享受专题服务。在活动形式上，开拓新的类型，丰富的载体能让读者更直观地了解专题内容，走进专题，引发兴趣，模糊化专题读者的专业界限和扩大专题读者的年龄界限，体现专题文化活动的多元化和社会化。

## 五、专题空间服务

图书馆的空间服务主要是指图书馆为了满足用户需求而提供的文献信息资源、知识空间、服务设施、实体空间、文化氛围等一系列利用环境与空间服务的总称。[134]在专题读者行为的调研中，阅读本馆专题文献读者仅为43.84%；加德纳（Gardner）和英格（Eng）的报告显示，美国 80.6% 的读者去图书馆基于自修的需求[135]；奥卢瓦达雷（Oluwadare）的报告称 52.6%的学生利用图书馆空间阅读自己的资料[136]。从读者行为和需求方面看，从单一的阅览行为向多元化的行为选择转变，从单一的图书馆行为到与更多非图书馆行为相混杂的行为集合转变。专题空间正演变为不断生长的“有机体”，传统图书馆与数字图书馆的有机结合及各类专题服务模式的渗入，让读者在专题馆服务和利用服务的方式上能够更好地与人分享，实现实体空间和虚拟空间的融合。浦东图书馆专题馆建设有读者讨论室，在讨论室的服务上，以专题资源建设成果为基础，也可以采取现实与虚拟结合的方式，在实体讨论室里进行讨论，利用网络技术将讨论情况实时发布，场外参与者在了解场内情况的同时也发表自己的看法，激发更加有效而丰富的学习体验和空间感受。

## 六、数字人文服务

跨学科研究的数字人文环境给作为文化传播与服务机构的图书馆提出了新的机遇和挑战，专题馆须担负起利用先进技术手段进行数字人文特藏全方位、深层次的开发、揭示和宣传的职责，让更多的人了解和使用丰富的人文数据库，不断强化图书馆文化传承功能和影响力。[137]以读者需求为导向，开展面向数字人文的传播服务是值得专题馆考虑的理性选择。在数字人文环境下，专题馆仍将延续其特藏的保存、传播和利用的功能，专题馆员的职责将更多地使用数字设备来管理人文资料，提供数据管理服务，深化信息服务层次，将人文资源更多转化为特色服务。

## 第三节　从服务管理看专题服务质量

专题服务简单地说就是为满足读者需求而开展的各项工作，专题馆抛弃了服务也就失去其社会存在的理论。因而，对专题服务的内容进行分析，认清专题馆服务对象各个层面的不同与联系，从而有针对性予以强化服务，这是全面提高图书馆服务质量的基本要求。

20 世纪 70 年代的北欧诺丁服务学派开创了“服务管理的开端”，服务管理从服务营销理论的研究中逐渐发展起来，90 年代中期西方的服务管理理论传入我国，以服务质量为研究核心，大量学者从不同的角度、不同的行业探讨了服务质量的要素体系。[138]学术界对服务管理的定义为“一种提高顾客感知服务质量和促进企业发展最重要的方法”，服务质量是一种主观质量，是读者预期服务质量与读者感知服务质量的比较，其外部产出为读者满意度。

图书馆提供给读者的服务产品是以服务包的形式呈现，服务包包括服务设施、物质产品、显性服务和隐性服务四类要素，读者体验和感受到的是一个完整的服务包，服务包的每个方面都会影响读者对服务产品的总体感受和总体评价。[139]图书馆服务管理，既涵盖对馆内环境和氛围、设备和设施等条件的管理，也包括服务态度和方式、资源和活动等服务内容的管理。

## 一、提升服务口碑的主要因素

### （一）环境文化氛围是凝聚人气的重要前提

读者调研显示，到馆读者中自带资料阅读的读者比例较借阅文献的读者比例高，专题馆不仅要做好各类馆藏资源配置和资源服务工作，还应创建舒适便捷的阅读环境，尽可能满足读者来馆自修阅读的强烈愿望。安静、文明的阅览环境是营造浓郁文化氛围的基本保障，馆内物理环境同样为读者自带资料阅读创造物质条件，优质的环境文化氛围使读者感受到博大的文化底蕴，使人气不断积聚。公共图书馆建筑是促进社会融合的物理场所，是萌生社会关系的良好公共空间[140]，专题馆作为适合大众阅读的场所、作为开放的公共知识空间，其场所价值也体现在它促进了社会平等、展现了自由精神。

### （二）服务营销传播是提升美誉度的有效利器

服务营销的核心是满足顾客对服务产品的需求，顾客对服务产品的需要不是服务产品本身，而是服务产品所能够给顾客带来的服务效用[141]。无形性和过程性是服务最本质的特征，服务是由一系列互不相同但又相互联系的活动组成的整合过程，专题馆与读者之间通过资源满足所结成的纽带是无形的，而通过建立读者俱乐部、举办读者活动等所形成的情感纽带，更有利于保持长久的关系。以服务为主的营销观念意味着将宣传推广工作融入专题馆的各个工作环节，运用一系列整合的关系营销策略把专题馆各项服务及活动推向新的境界。

### （三）服务理念是专题馆发展的灵魂

文献资源、信息检索以及信息加工形成的情报产品等，这些都是专题馆的制胜法宝。信息时代使我们从“种”“篇”的文献服务延伸到了“知识单元”的知识服务，通过对知识单元进行重组所形成的情报产品，是满足个性化需求新的服务方向。而专题服务新理念不仅仅局限于资源，更体现在服务手段、服务模式等方方面面，拓展服务方式、服务范围、提供个性化服务等都是专题服务的着力点。专题馆的发展离不开对服务的开拓创新，研究其功能拓展、践行服务理念、探索服务策略、开创服务路径，也将演变为公共图书馆的特色发展观念。

### （四）读者活动是实现文化塑造的重要途径

文化塑造是种群体行为，文化塑造的同时反过来又塑造了文化[142]，并由此塑造了一个城市。专题馆的展览、报告、讲座、电影等文化传播活动，是进行公民文化塑造的一种方式，丰富的专题馆藏资源也在潜移默化中实现对读者的文化塑造，让文化真正惠及广大读者，专题馆也正成为人们生活、学习、休闲不可或缺的公共空间。而文化塑造是一个循序渐进、不断积累的过程，作为一种实践活动并非一朝一夕可以实现，需对读者活动进行系统化设计，逐步推进、持续发展，针对各种类型读者大力开展各种阅读推广活动，形成图书馆有影响力的文化活动品牌。

## 二、从被动提供服务到主动引领需求

读者是否满意，取决于专题馆服务能否达到或超过其需求期望。卡诺（Kano）模型[143]由日本东京理科大学的狩野纪昭博士（Dr. Noriaki Kano）提出，是在定性层次上对顾客满意度进行分析测评的一个模型工具，定义了三种类型的顾客需求：基本型、期望型、魅力型。如果基本需求（整体环境、设备设施、文献资源等）得不到满足，会引起读者的强烈不满；如果期望需求（信息获取、窗口服务等）得到满足则满意程度会随之显著提高；而如果满足了魅力需求（读者活动、专题服务、文化服务等）则会给读者带来惊喜。据此，可从读者不同层次的需求入手，制定符合读者需求的特定举措。

### （一）继续完善基础服务，全力保障基本需求

读者对整体环境（温度、饮水、卫生、绿化、通风、照明等）适宜性的体验感，直接影响着读者是否愿意走进专题馆的大门。无论读者是来拓展知识面，还是搜集专业资料，抑或是来获取最新信息，对专题文献均是最基本的需求。从图书馆服务的本源与过程论，资源建设与读者服务两者之间相互作用、互为补充，二者是一个共生共进、不可分割的统一体，前者是读者服务的基础、源泉与根基，后者是资源效益的体现。在通常意义上看，一座资源建设薄弱的图书馆，开展读者服务工作也一定相形见绌，难以取得多大的成效；同样的，只一味重视资源建设，而忽视与懈怠读者服务的图书馆，至多也就是一座藏书楼。舒适的阅览环境和丰富的文献资源若能给读者带来愉快的文化体验，很多读者甚至以馆为家，日日光临。

与之相比，座位数量和无线网络等设备设施有数量限制，往往不能完全满足读者需求，读者数量在时间分布上不均衡，周末、节假日、寒暑假势必造成座位紧缺，在高峰时期可采取一些增加临时座位的应急措施。浦东图书馆周末单日阅览人次超过 2 万人，满足座位需求和网络需求也是对服务能力的考验。

### （二）着力拓展服务功能，尽量满足期望需求

读者服务一直是专题馆作为服务窗口的首要任务，而窗口服务和信

息检索服务作为直接接触读者的一线服务，关系到读者期望需求的满足程度。在调研中，浦东图书馆一线馆员的工作得到了读者的极大认可，而在有关信息获取方面，读者对检索功能及结果满意率较低，一方面加强图书排架管理，优化检索系统功能，提高书目检索效率；另一方面，发挥专题馆员专业特长，力争在专题领域成为一名百科全书式馆员，能迅速、准确地进行文献检索和咨询服务，同时对不擅长利用检索系统的老年读者进行主动服务，让读者在获取信息的过程中真正感受轻松愉快。

### （三）努力开拓服务形式，主动引领魅力需求

魅力需求虽不是必须，但却是更高层次的需求，不同的馆因提供的魅力需求不同，从而形成自己独特的风格和魅力，继而成为优势，牢牢吸引忠实读者。浦东图书馆确立了“以人为本，文化立馆”的办馆理念，尝试为读者提供多样化的文化服务，专题文化活动赢得很多读者的喜爱，在传播知识、丰富群众文化生活方面为读者带来了意外收获。结合浦东经济建设特点和区域人才结构建设的专题馆将继续开拓文化服务新形式，并通过微信等平台加强互动，发挥更大的文化效应，继续探索专题服务形式，不断提升专题馆员业务水平，从而拓展专题服务的途径。

## 三、以服务创新应对时代发展的挑战

服务形象、服务方向、服务理念、服务价值等关于专题馆的服务，我们更愿意从服务出发，以服务谈服务，从琐碎的服务细节里找寻服务的精神，从具体服务工作中发掘专题馆的服务精神与服务理念。创新是取得持续长远发展的动力与源泉，也是专题馆开展公众服务的价值所在，倘若缺乏“创新”要素，一切都是空谈。创新，指的是理念上的

颠覆、思想上的转变、行为上的革新，服务创新是一种由内及外的变革，而不止于某一种行为、某一项载体、某一个平台或某一场活动的创新。服务创新是专题馆自身发展的需要，是图书馆内生力量的驱使下的一场变革，是主动性的创新行为。[144]

### （一）充分发挥读者作用开展服务

在个性化的时代，定制服务的需求与日俱增，“一千个人有一千个哈姆雷特”，每位读者个体对服务有自己独特的需求。需求多样化，服务无止境，这就要求专题服务要通过不断创新服务的模式与方法，满足各种层次的读者多元化的服务需求。从另一个角度来看，以读者为中心，我们持续不断地策划与设计贴心服务的同时也积累了多样化的需求，在创新服务的过程中也积累了读者资源。秉承“读者也是信息源”的理念，挖掘读者资源，充分发挥读者的作用、彰显读者的个性化魅力，可以开展专家分享、读者分享、志愿者分享等知识分享服务，促进读者相互协作与学习，挖掘隐藏隐形知识，实现知识的创造与共享；在专题资源建设时着眼于利用，重视读者在参与特色资源挖掘和描述过程中的作用，与核心读者合作，实现研究型资源的有效利用；在专题文化活动的开展中，发挥读者的力量，既可以对主题征集有所帮助，又可以形成志愿者力量成为自组织自管理的模式。

### （二）充分利用新技术、新媒体开展服务

专题馆如何吸引读者，如何提供更优质的服务？很明显，充分利用新技术、新媒体，让读者利用随身携带的移动终端快捷方便地获得专题馆的各种个性化和人性化的服务，为读者提供更方便、更快捷、更现代化、更科学的服务，将是专题馆创新服务的一项重要内容，也是数字图

书馆服务未来的发展方向。

重视新技术的研发与应用，提高数字资源提供能力和使用效率，并非对专题馆传统服务的否定，适应数字化网络化环境下读者信息获取方式的巨大转变，专题馆积极面对馆藏资源数字化的问题，特别是特色馆藏的数字服务，提供免费远程访问，努力研究和开发各种资源访问形式，为读者提供有效的访问机制，最大程度上增加特色资源的使用人群，并且不受时间和地域限制，实现特色资源的共享。协作研究、学科服务平台、虚拟社区等创新服务项目，是一种新型的集传统的服务和数字信息服务于一体的“一站式”服务模式。这些传统服务形式的集成和融合以及新型服务方式的推广应用都需持续关注。

### （三）充分搭建平台开展服务

由于读者对专题服务的需求呈现出多样性的特点，专题服务只有时刻关注读者需求才能具备创新与活力。从现实看，专题馆不再作为单一服务机构“单打独斗”，而是作为平台搭建者的理念，体现了以专题馆为纽带联结服务提供者和服务对象的新思维，重新定义了专题馆及专题馆员的角色和地位，增强了专题馆的核心竞争优势，有效地提高了专题服务的深度与广度，是专题服务的发展方向。

一个开放的服务平台，一个社会机构和普通读者都可以有效参与的平台，一个依靠大多数人智慧的平台，最强的力量来源于多方的共同参与，专题馆员作为平台的管理者承担的是秩序的维护和多方资源的整合。专题馆依托丰富的自身资源，强调多机构间的协调和协作，扩展外部的功能和活动，以专题馆员为主要工作机制，发挥平台的功能，将专家、读者、馆员、资源有机联结在一起，为读者提供专题服务，并成为新的服务创新热点。

# 第七章
# 延展辐射广度：研究型文献也需阅读推广

1972 年，联合国教科文组织向全世界发出了“走向阅读社会”的召唤，1995 年将 4 月 23 日定为“世界读书日”，1997 年发起“全民阅读”活动，阅读逐渐被重视，“阅读推广”成为我国图书馆界的实践热点和研究热点。阅读活动大量开展，出版物数量增长迅速，对于图书馆服务而言，维护公民阅读自由的权利，促进社会的阅读公平，迫切需要提高阅读服务，在倡导终身阅读、全民阅读基本理念中发挥中坚力量作用。

图书馆阅读研究，是研究读者阅读活动的规律和阅读行为的科学，不仅包含普遍意义上的图书馆阅读人文环境，也包含技术、经济和文化等综合因素，就其基本研究内容来讲，主要包括读者主体和图书馆环境，这无疑是在更宽泛的领域中探讨图书馆阅读。[145] 图书馆阅读服务，主要依据读者阅读需求，分析读者的阅读心理，介入读者的阅读行为，引导读者的阅读倾向，是围绕阅读提供的以阅读服务活动过程为核心的一系列服务产品组合。

图书馆服务面向所有人，但不同的服务项目有不同的适用读者群。阅读服务是专题馆服务工作的一项重要内容，需广泛利用资源，加强阅读服务的宣传推广，对专题内容感兴趣的人群或潜在人群，进行专题文献阅读人群培育，通过研究型文献的阅读推广引导大众阅读走向深度化、经典化，研究型文献的普及性传播有助于消除公众的阅读障碍，以期提高专题文献阅读率，唤起读者阅读意识，创造良好的阅读软环境。

## 第一节　研究型文献与民众之间的桥梁

“阅读推广”一词来源于英文“Reading Promotion”，北京大学图书馆王波对“阅读推广”和“图书馆阅读推广”给出的定义[146]具有代表性：阅读推广，就是为了推动人人阅读，以提高人类文化素质、提升各民族软实力、加快各国富强和民族振兴的进程为战略目标，而由各国的机构和个人开展的旨在培养民众的阅读兴趣、阅读习惯，提高民众的阅读质量、阅读能力、阅读效果的活动。图书馆阅读推广，是指图书馆通过精心创意、策划，将读者的注意力从海量馆藏引导到小范围的有吸引力的馆藏，以提高馆藏的流通量和利用率的活动。

进行研究型文献的阅读推广是专题馆一项任重道远的事业，让不阅读的人开始阅读，让不喜欢阅读的人喜欢阅读，让不会阅读的人学会阅读，让对特定内容不感兴趣的人开始关注，让对特定内容感兴趣的人更加专注。既面向缺乏阅读意愿和阅读能力的人群，也研究如何让有意愿和能力的专业人士分享阅读体会、提供阅读帮助，促进专题读者群阅读习惯的养成和阅读能力的形成，提升专题文献的阅读效果。

专题馆开展阅读推广服务，是图书馆原有文献服务的延伸，其服务形式多种多样，可谓是百花齐放，如一本实体书的现场推荐，抑或利用图书馆官网、微博、QQ、微信、电子屏等技术手段推广图书馆原有的文献服务；再如开展知识讲座来消除读者对专业知识的阅读障碍，抑或读者亲自参与动手类体验活动等。专题馆在研究型文献与民众之间架起了一座座桥梁，这四通八达的“立交桥”使读者走近专题文献、让专题文献有所读者，专题馆为读者提供阅读资源的保障，开展阅读资源的推广工作也丰富了专题馆的服务形态。

阅读推广是图书馆界的新兴业务和创新业务，“活化文献资源”“服务活动化”成为国际图书馆服务的发展趋势，阅读推广服务已成为图书馆的主流业务，通过开展丰富多彩、形式多样的阅读推广活动，吸引缺乏阅读意愿的人走进阅读。在图书馆阅读推广活动中，一直存在“经典教育派”“实用阅读派”“中立派”三种流派。[147]“经典教育派”强调指导、引导、灌输，认为阅读推广是一种教育活动，主张开列推荐书目，传授读书方法，判定好书劣书，培养读者的读书习惯、读书兴趣、读书品味，引导读者的读书倾向。“实用阅读派”认为经典是变动不居的，没有永恒的经典，也没有人有绝对的资格以绝对的标准划定经典，故而推广经典是荒诞的，应该完全按照读者的需求推广文献。“中立派”则强调维护阅读自由，认为图书馆员并不比读者高明，图书馆的职责是提供藏书、场地、环境、气氛、图书信息和阅读建议，但不必抱教育和指导的目的。三种阅读推广流派的观点各具特点，各有不同的适用性，我们应综合思考和运用，选取适合自己机构的理念来指导阅读推广工作。

说到我国关于图书馆阅读推广理论的研究，并没有跟上实践的步伐，在图书馆阅读推广活动蓬勃发展的形势下，范并思教授在 2013 年将图书馆阅读推广的服务目的归纳为 4 点（8 个字）“引导、训练、帮助、服务”，得到图书馆行业内的普遍认同。引导读者感受阅读的魅力，享受阅读的乐趣，接受阅读，热爱阅读，甚至迷上阅读，逐步形成阅读的意愿；训练那些有阅读意愿但不善于阅读的人，使他们通过参加图书馆的阅读推广活动学会阅读；帮助愿意阅读但阅读确有困难的人跨越阅读障碍；通过服务（一般是非活动化的服务）为公众提供阅读的便利，改善公众的阅读品质。

为了发挥好阅读推广在研究型文献和民众之间的桥梁作用，在设计服务时需充分考虑几个问题：谁做推广？向谁推广？推广什么？怎么推广？也即阅读推广主体、阅读推广对象、阅读推广客体、阅读推广方式。[148]

谁做推广？可以是任何的社会组织或个人。我们主要探讨以图书馆为推广主体的阅读推广，专题馆是专题阅读活动的重要践行者，其文献资源富集、专业化程度高，自然是研究型文献阅读推广的核心力量，结合专题馆藏特色、开展专题文化活动也是专题馆开展社会教育的一个重要方面。社会组织、大众传媒和出版、销售等机构也是阅读推广活动的重要参与者，阅读推广主体的多元化成为趋势。在实践操作中，我们需要突破“阅读推广就是举办阅读活动”这种认识，明确各阅读推广主体的角色定位，专题馆承担专题文化活动的设计者、指导者、组织者，甚至是实施者，专题馆的角色定位应该更多地放在设计活动框架和指导方案，其他合作方承担赞助方、参与者，或为实施者，为专题文化活动提供助力，按专题文化活动的总体设计举办符合专题馆特点的阅读推广活动。

向谁推广？针对的是推广主体希望产生影响的目标对象，专题馆的面向对象定位明确，根据各专题的建设特点和目标读者群，开展针对性、实用性强的专题文化活动，每年的读者调研结论，对我们搜集专题读者需求大有益处，根据读者需求特点对读者群做进一步细分，细分后可明确每一细分读者群的活动内容需求，针对细分需求开展主题活动。

推广什么？专题馆建设了体系化的专题馆藏资源，为读者提供丰富的阅读资源，可以是最典型的纸质文献，也可以是以数字媒体形式出现的各类载体，还可以是读者资源中的“真人书”，以物媒、视媒、人媒为形式的各种资源皆可作为推广内容。阅读推广不仅仅是举办活动，还包括推荐阅读读物等优质资源、引起读者的阅读意愿、提升读者的阅读技巧，推广的是专题资源、阅读能力、阅读兴趣三者的结合。

怎么推广？在明确上述三个问题后，还需要通过一定的方式和方法实施推广工作。图书馆开展阅读推广活动历史悠久，产生过不胜枚举的活动形式，如专家讲座、展览类，表演、诵读类，互动、手工类，推介、荐书类，猜谜、竞赛类等，丰富多彩，生动有趣。近年，阅读推广活动使用实用交互工具也成为常用的方式，通过参与者的交流扩大活动的影响力。同一个阅读推广项目，可以采用名家解读、作品展览、讨论会等多种方式综合运用，结合目标读者群的特点，将同一主题活动的多种形式有机地融合到一起 ，会取得更好的推广效果。

专题馆开展的专题文化活动，是以专题馆和合作机构作为阅读推广主体，通过多姿多彩的推广方式，选择各专题合适的推广内容，从而对各专题读者群或潜在读者群施加阅读影响的专题文献阅读推广工作，是以激发读者阅读兴趣、培养读者阅读习惯和阅读能力、提升读者阅读质量和阅读效果，以阅读兴趣、阅读习惯、阅读能力、阅读质量和阅读效果为专题文献阅读推广的内涵和外延所进行的一切工作。

## 第二节　策划阅读推广服务品牌

什么是品牌？美国营销大师菲利普·科特勒作了定义：“品牌是一种名称、名词、标记或设计，或是它们的组合运用，其目的是借以辨认某个销售者或某群销售者的产品，并使之同竞争对手的产品和劳务区别开来。"[149]就一般意义而言，品牌既包括名称、标识等外在构成要素，又包括品牌定位以及品牌传播、品牌维系等内在和引申构成要素。[150]品牌既是一种区别性标识、一个产品，更是形成竞争力至关重要的因素。

专题馆阅读推广需要品牌，需要富有特色的品牌。有了品牌，阅读推广服务更容易得到社会的认同，能产生更好的社会效益。鲜亮的阅读推广品牌不仅能够加强专题馆对专题文化活动的内部管理，还能唤起读者对于专题馆的持续关注，提升知晓度，有效提升服务品质。品牌最持久的要素是价值、文化和个性，专题馆以阅读推广活动为契机，在品牌建设上下工夫，通过有意识的特色化品牌经营，形成持久的影响力，起到"润物细无声"的效果。

浦东图书馆专题文化活动品牌建设是有基础的。品牌建设的首要任务是服务群体细分、目标群体选择和服务定位。专题馆的建设就是满足读者的差异化需求，将需求相同或相近的读者划分为同一个读者群体，从而将图书馆整个服务群体划分为若干个分群体。专题馆按建设的专题选择服务的目标群体开展专题服务，这样更有利于采取并实施专题馆品牌定位策略。定位是品牌建设的根基，它确定了品牌发展的方向，品牌建设的成功与清晰精准的定位是分不开的，专题文化活动的目的是研究型文献的阅读推广，它明确地传达着专题文化活动是为哪些人设计的哪些内容。

在文化大发展大繁荣的环境下，综观图书馆的阅读推广活动，应时应景地举办短期活动的现象频发，缺乏阅读推广品牌化意识，由于常态化运作的缺失其营销效果也会随着时间的推移逐渐减弱。图书馆只有注重阅读推广的内涵与质量建设，将品牌化运作思维贯穿阅读推广活动的每个环节，日常化、深入化地进行阅读推广工作，才能可持续发展，而经常、长期的阅读活动往往其服务、推广、管理是最具难度的。

专题馆在工作中准确把握读者文化需求的脉搏，主动倾听读者的心声，积极策划适合专题读者口味的活动项目，探索阅读推广活动的长效机制，努力打造浦东图书馆的专题文化活动服务品牌。在品牌设计上，专题文化活动主要是以中等规模的活动为主，常规化、长期化发展，主要是围绕着各个专题的建设而组织的读者活动，目的是推广各专题文献、聚积各专题特定读者群。根据各专题服务对象的特点来设计读者活动，按照专题文化活动组织流程和专题资源推广流程来操作运作，努力培育稳定读者群，专题文献阅读推广活动保持稳步推进。

专题馆阅读推广项目的品牌是在长期阅读服务的过程中梳理、凝练出来的，专题文化活动整体做一个品牌还是每个专题做一个品牌？经过集思广益，既突出每个专题的内容特色，又不失专题的组合拳效应，我们将“专题文化活动”作为一个主概念，策划了“人文浦东”系列、“金融悦读”系列、“艺尚雅集”系列、“科技之门”系列、“法律讲堂”系列、“国际教育”系列六个系列活动。除“国际教育”系列是新开设的系列外，前五个系列活动的开展已有几年的实践，也是成熟一个建设一个，走逐步完善的品牌建设之路，浦东图书馆的这五个系列专题文化活动已积聚了一大批稳定的读者群，成为专题读者关注的阅读推广服务品牌（见图 7-1、图 7-2）。

人的阅读能力包括选择资源的能力、理解内容的能力、阐释表述的能力、辨析创新的能力，进行阅读推广时不仅可以推荐资源、推荐内容，同时还需关注读者的表达分享和辨析创新，大力强化专题作为专题读者交流的中心。专题馆不断尝试新的活动形式，突破传统讲座“我讲你听”的模式，在活动设计时突出读者这个主体，增加互动性，设计读者动手参与的活动，调动读者的参与热情。每个系列各具特色，“人文浦东”系列注重“讲+演+展”并重，“金融悦读”系列注重讲座

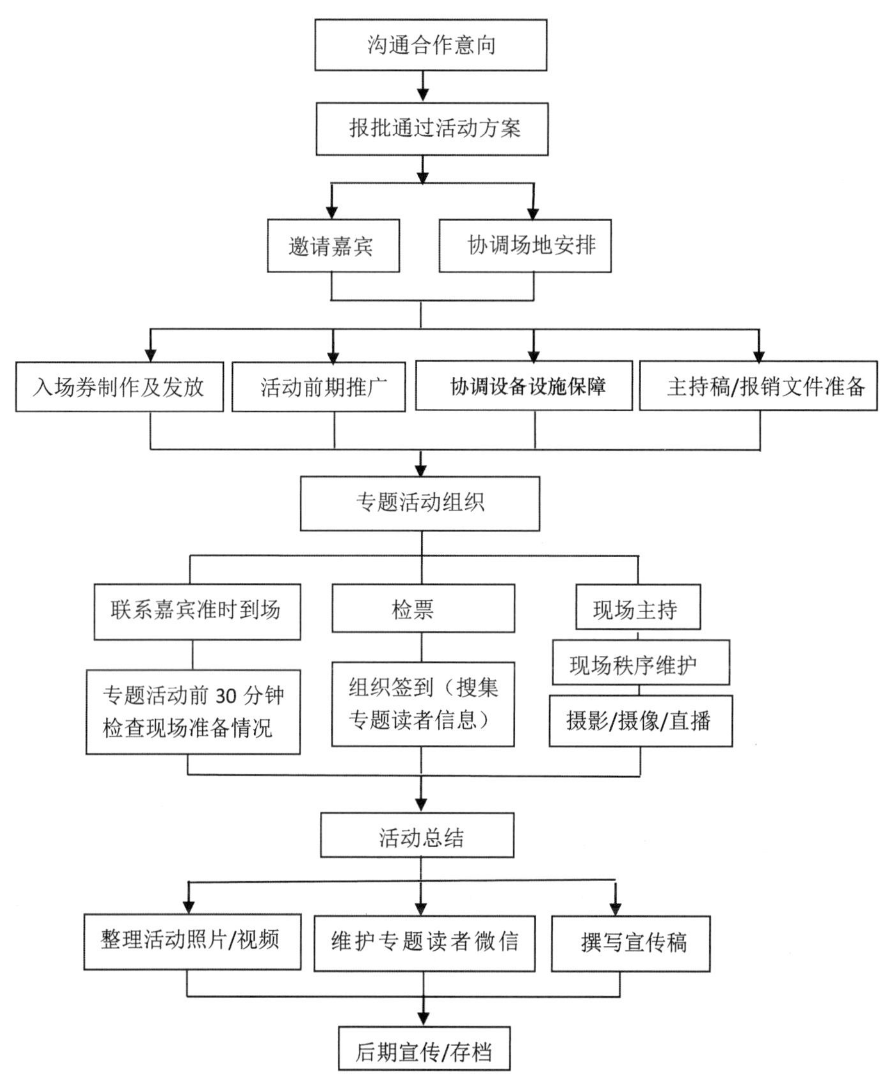


图7-1　专题文化活动组织流程

与互动交流相结合，“艺尚雅集”系列和“科技之门”系列增强了读者动手的参与性，开展体验课活动，“法律讲堂”系列围绕热点事件开展模拟法庭活动。将专题文献书目推荐嵌入专题文化活动中，为每场讲座

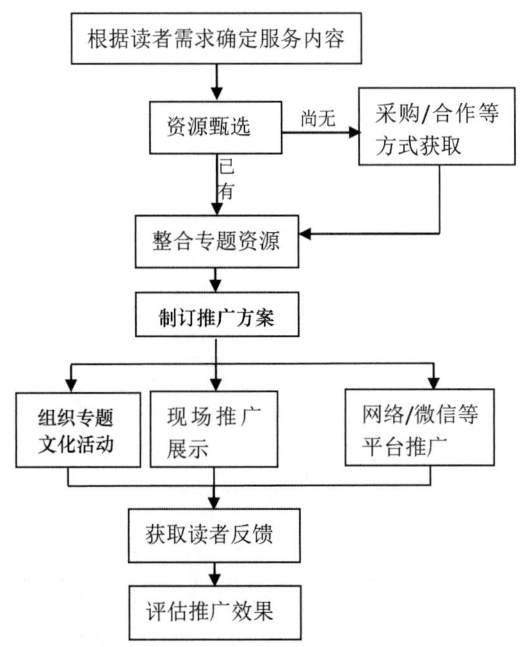


图 7-2　专题资源推广流程

量身定“书”，符合主题内容推荐阅读，随着活动的开展逐渐产生效应，在某些活动后会出现相应主题文献翻动量、阅览量有所提升的现象。种种活动创新的举措，深受读者欢迎，专题文化活动开展的四年半时间里共举办 172 场，参与人数为 48 398 人次。

## 一、“人文浦东”系列

“人文浦东”是浦东地方文献的阅读推广系列，主要以讲座、表演、讨论会、展览的形式由浅入深、纵横结合介绍浦东历史地理、民俗风情、文化遗产、名人传记等，以此吸引读者了解地方文献、关注地方文化。目前主要围绕“浦东文史”和“地方文化（非遗）传播”两大主题开展。在“浦东文史”主题，邀请熟悉浦东历史、对浦东历史文化有深入研究的专家、学者，这些主讲嘉宾或著作或编写出版过浦东文史类的图书、文章，同时也是我们地方文献馆藏建设的内容，他们在活动中推广文献、分享研究成果、传播浦东历史文化。“地方文化（非遗）传播”主题，主要是传播上海市或浦东新区的非遗项目，邀请代表性传承人讲述非遗文化，同时也亲自展示其“非遗绝技”，读者既能了解非遗文化，又能享受非遗表演带来的感官愉悦。“人文浦东”系列活动还充分利用征集到的名人手稿及代表作以专柜陈列进行微展览，让读者近距离感受地方名人的创作灵魂与精华，激起读者对地方资料的兴趣（见图7-3~图 7-5）。

图 7-3 浦东傅雷研究中心王树华先生讲述傅雷

图 7-4 “古琴斫制技艺”代表性传承人杨致俭先生在演奏

图 7-5 傅雷家书手稿展

## 二、“金融悦读”系列

浦东集聚着许多金融从业者以及关注金融的大众读者，对金融知识的获取需求十分旺盛。“金融悦读”系列针对两大群体开展分层次的阅读推广活动，对金融从业者讲述金融圈的那些事儿，对大众读者讲述与他们相关的民生金融问题，主要是请学界、业界的专家主讲，学界专家讲理论、政策，业界专家讲实操经验和分析。中国宏观经济和国际形势分析、住房贷款政策、房地产市场、金融税务、金融科技、金融前沿热点等推广内容，很容易引发讨论，因此，在打造“金融悦读”系列的特色和亮点时，我们偏重于读者的互动交流（见图 7-6、图 7-7）。

图 7-6　黄卫平教授讲经济政策

图 7-7　读者与主讲嘉宾互动交流

## 三、“艺尚雅集”系列

“艺尚雅集”系列以艺术普及和艺术体验为抓手，提升大众审美和艺术修养。在艺术普及上，用深入浅出的语言阐释博大精深的艺术，将公益艺术讲座普及给广大读者。在艺术体验上，让热爱艺术的读者亲身参与制作，走进艺术的殿堂，掀起了读者体验的热潮。艺术·时尚专题的范围比较宽，可选主题多，热门主题更不在少数，在专题文化活动中最为热门，目前在“摄影”“服饰”“园艺”“跨界艺术”“艺术品鉴赏”“艺术体验课”做出了特色和新意，讲座现场会有主题相关的实物供观摩，往往嘉宾在讲授艺术知识的同时会配以作品展示并讲述创作的灵感和手法，抑或实地教学给艺术品“长长眼”，每开设一个主题的阅读推广活动，都会聚集这一领域的新读者群（见图 7-8、图 7-9）。

图 7-8　形意根雕的讲解与观摩

图 7-9　读者在体验插花艺术

## 四、“科技之门”系列

“科技之门”系列以专家讲科普和科技体验为特色，带领读者进入科学技术的大门，体验科技发展的魅力，通过宣讲科技知识，吸引读者的科技探索欲望，以科学的眼光去发现世界、了解世界，体验科技之美。在专家讲科普方面，致力于科学普及，我们曾策划过“与院士面对面”的科普讲座，参与人群以亲子档为主，对青少年格外具有吸引力，提问互动和活动后的合影留念热闹非常，青少年读者们将院士奉为偶像，对专家学者的崇尚风气让我们充满希望。在科技体验方面，将科技知识从书本变成现实体验，通过读者的动手操作来体验科技魅力，让知识变得更加鲜活与灵动（见图 7-10、图 7-11）。

图 7-10 雷鸣院士在科普蛋白质科学

图 7-11　志愿者在指导读者体验电路连接

## 五、“法律讲堂”系列

“法律讲堂”系列关注传播法律知识和老百姓关心的法律问题，推动社会公众法治意识和法律素养的提高，主要以普法讲座、法律咨询、模拟法庭三项内容为主。往往读者对真实案例中所折射出的法治在现实中的复杂性最具讨论热情，普法讲座以分析案例作为切入点，浅显易懂地讲解法律条文，为读者答疑解惑的同时弘扬法治精神，在每场普法讲座结束后有两位专职律师为读者提供专业的法律咨询服务。“模拟法庭”选取时下社会热议的案例，邀请法律从业者模拟庭审的整个流程，包括举证、质证等多个环节，真实模拟庭审现场，严格依照法庭审判流程，让观众身临“法庭”，从法律人专业角度释法说理。听众不仅能通过该案例学习到法律知识，熟悉庭审流程，更能亲自参与到其中，谈谈自己的论点和想法，还可以在庭审结束后对案情及生活中的法律问题进行提问，每次选取的案件都有非常大的社会影响力，对警示后人起到积极的作用（见图 7-12、图 7-13）。

每个系列的专题文化活动在品牌建设过程中，都经过整体设计，各

图 7-12　律师开展法律咨询

图 7-13　模拟法庭

系列阅读推广活动按主题开展，活动之间有关联而不孤立，经过打磨的系列活动，有稳定的合作方和稳定的读者群体，一步一个脚印稳稳地发展着，也许它并不那么轰轰烈烈的耀眼夺目，却似悠悠酒香之醇厚隽永。对阅读推广活动近乎课程化的设计，梳理、提炼出规律，体系化地开展阅读推广活动。诚然专题文化活动已成为读者乐于参与、有良好口碑的阅读推广活动，但品牌建设是一个长期发展和累积的过程，品牌化运作需要进行设计、定位、传播和维系等全方位的布局，专题文化活动在对阅读推广品牌的标识、营销、包装、保护等方面尚显乏力，还需借鉴国内外先进经验和做法，结合现实情况，走出符合专题馆自身特色的品牌化道路。

## 第三节 顺应社会化思维跨界前行

### 一、思维模式的突破

互联网思维作为一个多元概念，综合了开放思维、用户思维、痛点思维、大数据思维、平台思维、社会化思维等思维方式，倡导人们以开放的精神、从多个角度思考和解决问题，不同领域之间的频繁跨界、合作共赢是互联网思维指导下行业创新发展的显著表现，而跨界并非某一个领域的专利，各个行业都可以通过跨界实现创新发展。[151]

从图书馆的角度来看，读者通过其他渠道获得原先只能在图书馆得到的文化产品和服务已轻而易举，在这样的社会现实下，我们如果还仅仅围绕着眼皮底下的家底打转，不改变思维方式，走阅读推广之路难免缺这少那。社会化思维时代发展已成为不可逆转的潮流，为跨越自身某些资源有限而产生的各种障碍，迫切需要图书馆行业突破固有的思维模式，重新审视图书馆阅读推广服务。当下社会公共文化服务机构可提供的文化供给在数量与品种上满足不了民众日益增长的文化需求，这是目前公众在文化服务需求上的最大痛点，也是我国公共文化事业发展的最大痛点，为了解决这个痛点，就需要更多的公共文化服务组织与机构加入进来，为公众提供尽可能多样、丰富且高品质的文化产品和服务。[152]阅读推广服务唯有顺势而行方得发展，跨出传统合作的圈子去博采众长，引入、聚集社会力量共同开发新形式产品和开展阅读推广服务。

合作共赢是社会化思维所倡导的理念，社会化思维是对跨界有重要影响的因素。合作共赢理念下的跨界发展，是图书馆开展阅读推广服务的良好机遇，是拓宽渠道实现与其他社会机构、组织或个人资源共享、互补的有力方式。通过与其他行业领域的思维模式、行为方式进行优化组合，使图书馆服务拥有更广阔的天地。通过“内力+外力”双力合一去拓展阅读推广服务的新领域、新途径和新方法。

## 二、跨界合作带来更好的社会效益

跨界合作通常是指多个不同领域之间的合作，任何突破专题馆现有的服务边界，融合不同领域的元素，通过相互渗透、取长补短实现扩展服务外延、深化服务内涵的行为，都可称为专题馆跨界。跨领域联合的思维方式会整合不同行业的人力、技术资源，带给专题读者更多、更好的文化产品和服务，也使专题馆赢得更多的发展机会。专题馆进行跨界合作，绝不是贪大求全，而是围绕着专题读者需求，以专题服务为目标，与其他机构或个人合作，发挥各自优势，用高效资源和服务整合低效资源和服务，以使服务效果更佳、达到效益最大化。

### （一）明确合作目标定位

图书馆结合实际情况，改变与外部组织间连接有所缺失的状况，积极地参与各种跨组织活动，实现与其他组织间的跨界资源整合，以形成新的资源体系，解决公共文化服务中存在的问题，达到丰富图书馆服务内涵的目标。专题馆应适应跨界合作的大趋势，创新服务模式，提升服务能力，那么，必须选择合适的合作对象，去发现一切愿意为我们做加法并且志同道合的合作对象共同释放智慧和能量，以社会化思维来发展专题馆与多个社会组织、公共服务机构的关联度。

在这方面，专题馆进行了积极的探索和尝试，我们主动走出去拜访相关机构，为专题文化活动拓宽资源，谋求合作。我们寻找高端优质的合作对象，与高校等专业单位进行“高架接”，主动邀请与专题相关的专业院校的专家开展读者活动，与上海市科学技术协会、中国工程院院士中心、上海市收藏协会、上海市摄影家协会、浦东新区金融服务局、浦东文史学会、浦东新区绿化委员会、浦东新区文物保护管理所、上海浦东国际金融学会、《国际金融报》、盈科律师事务所、浦东新区法律援助中心、车坛影协上海俱乐部、人大人·名师研论、学生社团、专业志愿者等多个机构或个人开展跨界合作。不同主体的利益诉求存在差异，我们在选择合作对象时将公益合作、免费服务作为共同的合作契合点，在共同目标引导下，双方资源共享，互利共赢。在资源共享上，专题馆可提供文献资源、活动场地、高人气的参与度等条件，合作方往往拥有优质的专家资源、策划团队等，双方都有对方需要的资源，在合作动机上有积极促进作用。通过跨界合作，专题馆既获得稳定可靠的活动资源，又增加了专题活动的宣传途径，达到比较好的活动效果；对合作方来说，借助图书馆高人气的平台，获得很好的宣传效果，专家也与行业内从业者有“接地气”的沟通和交流。

### （二）合作机制的建设

专题馆阅读推广的跨界合作，可简单地分为业务合作和技术合作，以图书馆为主体搭建平台引进社会资源、专业资源和技术资源，不仅包括纸本文献的推广、读者活动等传统阅读推广服务，还包括培育新型数字阅读文化，在专题文献与新时代阅读之间架起通道，真正践行阅读、社会、技术三者的融合。

重视做好合作关系管理。基于平等、共赢的原则尊重和理解合作方的意愿和要求，构建相互信任关系，根据各自价值取向的差异，商定长期、中期、短期的合作计划，对于合作双方的不同需求开展不同期限、不同深度的合作，形成常态化、持续性的合作关系。

制订合作协议，注重过程管理。在协议中明确各自的分工，建设开放协同的文化，抓好意识形态责任制的落实，对阅读资源传播内容做好把关，约定统一的阅读资源传播方式，过程中及时发现问题，并采取有针对性的措施，以明确合作开展阅读推广服务的方向，不断提高阅读推广的过程管理水平。

按照不同阅读推广工作的发展和需要，选择合适的合作模式。每个合作方都有自身的优势和需求，根据双方的契合度和贡献度，会产生不同深度的合作，所投入的资源和经费也会有所区别。

关注专业志愿者的科学管理。在实施阅读推广服务中我们深切体会到，专业志愿者是公益服务的一支有生力量，做好招募、培训、评估的管理，鼓励专业志愿者设计富有创造力的阅读活动，注重发挥专业志愿者的积极性和作用。

对专题馆来说，要与合作方搭建一个耦合发展的平台，提高跨界识别、引进、运用资源的能力，促进阅读推广资源的整合，使资源更广、效率更高，发挥专题馆的最大价值。

## 三、插上“+”的翅膀

自从互联网、图书馆、阅读这些对图书馆发展具有影响力的概念开始插上“+”的翅膀，“互联网+”“图书馆+”“阅读+”蓬勃兴起，“+一切可能”成为激活图书馆业务的巨大推动力。“互联网+”的无所不在的本质内涵，给我们更重要的启示是：因为阅读也是无所不在的，而且图书馆服务的核心永远是“阅读”，所以可以充分运用“图书馆+”战略来实现“让阅读无所不在”的愿景。[153]在理念上让图书馆连接一切开展阅读服务成为可能，实现阅读的无处不在、无时不在。

### （一）为特色主题分馆建设助力

放眼国内外已有的建设经验，地铁图书馆、巴士图书馆、咖啡图书馆、商场内图书馆等都常常见诸报端。阅读的行为可以发生在生活、工作、学习等几乎所有的场所和情境，契合浦东图书馆特色主题分馆的建设工作，专题馆的专题馆员们可在其中发挥助力作用，将特色文献建设、服务的经验和元素送入特色主题分馆可以进入的机构和场所，将专题馆的阅读服务由体制内向体制外延伸，两者协作发展，成为整个城市阅读推广服务网络的一部分。

### （二）延伸专题阅读服务触角

让专题文献“活”起来，关键在于要搭上“+”的顺风车，适应跨界融合发展的大趋势，将研究型文献阅读推广作为专题文献服务拓展的切入点，扩大文献服务范围。跨界合作为专题馆突破场馆阵地的界限提供了更多拓展服务的空间，也是扩大专题阅读服务覆盖面的有效途径，实现将文献流拓展到任何有需要的无限可能之处。浦东图书馆专题馆还将专题馆员作为资源，予以推广，开展专题馆员推荐活动，重视对“做事的专业人士”的推广，专题馆员开通了读者交流微信群，与读者进行交流互动、活动发布、活动结束后的资源共享，并负责各专题微信群的日常维护和宣传推广。在推广专题馆员的同时，注重与文献、活动、服务群体、专家资源之间的联动效应，也发挥专题化服务的平台作用。

### （三）融入全媒体阅读推广平台

全媒体极大地丰富了信息传播内容，几何级提高传播效率，可以汇聚大量优质阅读资源，读者根据利用方式和不同时间、地点的需要，在两种以上媒介中自如变换、交叉链接，阅读的可移动、数字化、跨媒体，以及全民参与、共享、分享和创新的诸多新特征，对阅读推广既是一种挑战，也是一种机遇，促使全媒体环境下阅读推广服务越来越重视互动、交流。[154]专题馆需借助全媒体阅读推广平台，推动读者和专题文献之间的互动，通过全媒体媒介为读者带去便捷的体验。在全媒体环境中消除了信息生产者与受众的界限，可增进读者之间、读者和专题馆员之间的交流，在线分享和讨论个人的阅读感受更为容易，可以全方位了解阅读需求，对阅读进行指导，培养阅读兴趣，可形成各专题的阅读推广圈子。

### （四）将公众参与放到跨界合作路径中

专题馆的服务对象来自不同的专业领域，让公众共同创造专题馆价值的理念可以更拉近专题馆与读者的距离，让公众切实地参与到我们跨界合作，共同开发新的服务领域。专题馆曾以开放的形态面向社会发布了专题活动征集启事，寻求优秀的活动合作方，同时制作了活动征集令海报，通过多渠道进行多次宣传推广，征集活动持续两个多月，收到46份合作意向，这是利用公众智慧开发专题阅读推广服务新产品的一次尝试，开通渠道引进积极合作的机构或个人，也实现了多赢。

人类文明传承于阅读，更兴盛于阅读，阅读推广就是将阅读推向更广的范围，使其参与的人数更多，影响的范围更大。从出版领域来看，专业图书的出版也部分呈现出文学化、普及化、大众化和生活化的趋势，于专题馆而言，研究型文献亦需要阅读推广。图书馆对阅读提供的服务外延越来越广阔，内涵也越来越丰富，怎样在阅读方式渐变中开展服务是专题馆面临的新命题，每一次跨界前行都是实现服务增值，专题阅读推广服务永远在路上。

# 第八章
# 挖掘服务深度：建立新型智库知识服务体系

专题馆区别于一般图书馆之处在于服务方面呈现多元化的趋势，在于具有专业背景的馆员，要求在服务方面倾向于更深层的服务：通过建立专门的咨询平台及服务渠道面向读者提供信息咨询、战略决策、政策信息、文献查询等服务。本章就挖掘深层次服务方面进行探讨，专题图书馆如何进行信息智库知识服务体系建设。

## 第一节　智库知识服务模式

图书馆智库知识服务是图书馆依靠自身信息资源及专业人才优势建立的智慧服务系统，通过建立专门的咨询平台及服务渠道面向读者提供信息咨询、战略决策、政策信息、文献查询等服务。在知识经济时代，智库是提供智力决策、文化教育、政策建议的信息服务机构设施。与图书馆开展合作的各领域的专家学者可依靠图书馆丰富的馆藏资源为读者提供多种咨询服务，而图书馆也完全可依托自身的馆藏资源培养出具有专业专题服务能力的馆员，与社会科研机构、各领域专家学者深入开展合作，组建智库团队，专家学者能够结合自身所学，对读者提出的具体问题进行论证与研究，面向读者提供有价值的决策信息。

## 一、开展智库建设的条件

图书馆智库知识服务与传统的信息服务有所区别，它是一种专业化的服务机制，开展智库知识服务主要需要以下几个条件：

### （一）仓储型的馆藏资源

智库知识服务需要拥有大量的信息资源，其中包括各类载体信息，如纸质资源、缩微资料、音像资料、数字资源以及各种免费网络资源。同时需要专业馆员结合自身的专业特长知识以及所具备的专业服务能力把各类文献转化为数据库嵌入到本专业的服务体制中，为相关专业领域以及读者提供信息咨询、战略决策、政策信息、文献查询等服务，大量的数据以及信息资源为开展智库服务提供了物质支撑。而图书馆具有大量的馆藏信息，随着技术的发展、纸质资源的电子化、馆际互借以及资源共建共享工作的开展，图书馆具备智库知识服务体系的数据资源建设的条件。世界上很多著名智库的前身都是图书馆也说明了这一点，如斯坦福大学的胡佛研究所最初是战争资料图书馆，目前拥有 9 个图书馆、160 万册藏书；德国维滕贝格高等教育研究所有藏书约 5. 5 万册的特别图书馆；卡塞尔大学国际高等教育研究中心建有约 2. 5 万册藏书的图书馆；捷克科学院东方研究所有中心图书馆、中国鲁迅图书馆、朝鲜图书馆、藏学图书馆和费正清图书馆共 5 个图书馆，现藏书约 20 万册。智库的建设离不开图书馆搭建起的信息平台[155]。

### （二）专业化的人才队伍

建设智库知识服务体系需要有一批专业的人才队伍，这批人才具有专业的情报分析能力，通过大量的数据信息分析，揭示智库研究对象的发展规律与发展态势，预测未来发展的方向，从而为特定的专业读者开展信息情报服务[156]。专业人才队伍为智库的发展提供了智力支撑。专题馆对于新型智库知识服务体系建设具有明显的优势，它具备专业的信息开发人才，利用自己所学的专业知识为特定的读者开展专业的信息服务。

### （三）多元化的组织模式

所谓智库服务就是能够根据用户的信息需求，选择由专业馆员与社会各领域专家学者协同组建的智库服务团队为用户提供服务。凭借具体服务项目及要求组建专业智库服务小组。智库组织可以灵活多变，智库可以项目小组为依托聘请研究人员，除专题馆员作为固定人员外，其他研究人员可以按照项目研究时限进行聘请，这种方式大大提高了人员的利用效率，减轻了智库的人力成本支出，便于项目研究的开展与管理。通过这些“外脑”的输入大大提高了项目的质量，同时提高了专题馆员的研究能力[157]。

总之，图书馆智库是一种信息组织体，具有良好的社会发展背景，可以适应社会其他机构进行战略咨询。通过深度整合和挖掘信息资源，与各行业知名学者、专家教授开展合作，为用户提供智库服务，有助于提高图书馆资源利用效率，增强核心竞争力。

## 二、智库服务的用户需求

专题馆智库面向用户开展数字参考、竞争情报、舆情监测、信息咨询等服务，目标用户可分为直接目标用户和间接目标用户两种。

### （一）直接目标用户

专题馆直接目标用户包括企业、政府、社会科研机构等。专题馆可根据自身信息资源的馆藏储备状况及专题馆员的人员结构为企业、政府、社会科研机构直接提供信息服务。

### （二）间接目标用户

专题馆间接目标用户是其他社会服务机构、情报机构和咨询机构。目前众多情报机构、咨询机构及服务机构它们具有某一方面的人才，同时在资源储备上也难以与图书馆相比，缺乏相应的信息资源，而图书馆依靠自身的馆藏资源能为其他智库机构提供智库支撑，间接参与智库服务。

## 三、开展智库服务模式

### （一）个体主导模式

从目前图书馆智库服务开展的情况来看，个体主导模式是图书馆智库服务应用最为广泛的服务模式，有较高实践价值。从构建方法来看，个体主导模式主要以专业馆员及与图书馆开展合作的各领域专家学者作为智库团队服务中心，在充分发挥专业馆员的专业知识特长和综合信息处理能力的基础上，通过适当咨询外援专家面向用户提供智力支持。组织结构主要以专题馆员为核心，各领域合作专家学者为辅助，向用户提供有价值的决策支持。个体主导模式高度依赖专题馆员的知识储备及知识素质，主要面向社会各领域实体机构提供智力支持。

### （二）辅助参与模式

辅助参与模式是专题馆结合专题馆员专业能力以及信息综合处理能力，通过对馆藏资源深度挖掘来实现。这种智库服务模式体现了图书馆信息资源管理优势，为智库小组开展智库服务提供保障。从构建原则上看，智库小组核心成员由专题馆员及各领域专家学者组成；由于面临的服务需求多样，对服务群体的信息管理能力有着较高要求，需要专题馆员与外援专家及专业领域学者协同完成。这种智库服务模式有利于为其他信息服务机构及智库机构提供资源保障，通过间接形式实现智库服务。

### （三）多元协同模式

多元协同模式是开放创新环境下图书馆专题馆员与各领域学者协同开展的智库服务模式，各领域专家学者是智库小组的核心成员，利用图书馆专题馆员的综合信息处理能力及各领域学者的经验和学识面向用户提供智库服务。这一模式充分发挥了专题馆的信息处理优势，有助于各领域专业知识内容与方法互通互联，促进专题馆员与各领域学者协同创新。组织结构以专题馆员及各领域学者为核心，通过适当与其他信息服务机构及智库机构开展合作向用户提供智库服务，对智库小组组织协同能力有着较高要求。多元协同模式适合为政府、企业、社会管理机构提供智库信息服务。

# 第二节　智库知识服务内容

## 一、提供智库服务

由于图书馆情报机构拥有大量的信息资源，其本身已经具备成为某种智库的条件，事实上，图书馆直接提供智库服务在世界范围内已有许多实践，并取得了良好的效果。美国国会图书馆下设的国会研究服务部是华盛顿著名的亚洲问题智囊机构，也是美国政府领导的智库，其成果一般不公开发布。我国的国家图书馆从 1998 年起，开始提供高质量、高效率的“两会”智库服务，近年来该服务已实现了数字化和网络化。除了国家图书馆外，高校图书馆和公共图书馆也具备承担智库任务的可行性，可以预见，在未来的国家新型智库体系建设中，一部分资源丰富、业务领先、功能齐备的图书馆势必会为地方乃至国家的政策制定提供智库服务。

## 二、参考咨询服务

参考咨询服务是图书馆传统的核心业务，是图书馆在网络信息大发展时代能够保持核心竞争力的重要因素。在知识经济时代，图书馆抓住了转型机遇，致力于将参考咨询服务升级为知识咨询服务。大数据技术为图书馆带来了服务升级机遇，基于大数据的知识咨询能够使传统参考咨询、数据分析和情报计量服务延伸到之前所不能的领域。知识咨询服务的内容已从文献资源延伸到一切可供智库使用的网络资源，包括各类型数据库、电子文献、图片、多媒体资源等。上海图书馆和上海科技情报研究所联合打造“产业图书馆”，聚合了高校、科研院所、大型企业和图书情报机构的资源，一方面为科技工作者提供最前沿的技术咨询服务，内容包括专利、标准、科技报告、产业报告、政府报告、会议论文等文献报道；另一方面将产业链条整合成为全球专家库，成为上海科技创新的信息资源基地，其提供的就是专家级、定制化的依托智库建设的知识咨询服务。

## 三、情报技术支持

图书馆与科技情报机构所掌握的情报分析方法与技术能够为新型智库提供科学、便捷的技术支持。目前图书情报界所擅长的技术包括分类标引、本体与语义网、关联数据、社会网络分析、情报计量与可视化展现技术、数字资源长期保存技术、数据分析与管理等。我国地域辽阔、经济结构复杂，智库产品往往需要进行大量的数据调研与分析，这些技术为新型智库生产产品提供了高效、快速的方法。另外，采用情报监测、舆情分析等前沿技术进行智库和智库产品的构建，可以使智库产品的使用者一目了然，充分了解情报、数据所包含的显性知识和通过挖掘展现出来的隐性知识。专题馆员可以从行为与社会科学发展得出重要的技术如何熟练掌握和部署最合适的分析方法、如何组织分析人员和团队的运作、如何与信息客户进行交流等。

## 四、信息计量服务

信息环境下的科学计量是对信息内容质量的客观评价，对新型智库进行科学评价可以考核其绩效、作用、影响力等指标。日本智库建立了完善的科学评价体系，如实行亚洲匿名评审，请同行给予评审；创建不同的指标来进行绩效考核等，评价结果将作为智库产品能否出版和被政府采纳的依据。目前对于智库的评价不多，比较有影响力的是美国宾夕法尼亚大学的詹姆斯·麦加恩（James McGann），他率领的团队专门研究各国智库的运行情况，并每年发布全球智库报告，受到各国政府和智库的重视。中国社会科学院和上海社会科学院是国内智库评价的领头羊，现已开始提供年度国内智库评价报告。图书馆情报领域通过长期实践积累了信息计量的科学方法和工具，这些方法在网络时代也有新的发展，如果能将此应用于智库的评价工作，那么将是对目前智库评价工作的一个有益补充。

### 五、智库成果复用

智库除了产出成果外，其自身也是一个巨大的智力宝库。图书馆应组织力量将智库打造成为信息资源，不仅能够有效地对智库和其所包含的一切智力成果进行梳理，也能促进我国知识资源的保障。2010 年 6 月，国家图书馆组建了“国家图书馆国情咨询顾问委员会”和“国家图书馆国情咨询委员会”，对其拥有的智库资源进行了整合，形成有效的信息咨询机构合作机制和协同工作网络。图书情报机构可以采用机构知识库的构建方法，提供面向智库的专家知识库构建，将智库所产生的包括文字、图像、音视频等一切可供利用的知识资源进行构建，一方面可以对智库产品进行有效保存；另一方面也可以扩大智库的影响力[158]。

## 第三节　专题馆员的地位与使命

现代图书馆服务发展由传统图书馆模式向知识性、个性化服务模式转变，建立智库的服务体系有助于提高图书馆服务层级。智库服务主体是专题馆员以及与专题馆合作的各领域专家学者。专题馆可根据具体的需求选择不同专业的学者、专题馆员组成专业智库服务小组为用户提供咨询服务。专题馆员是具有专业信息组织能力的图书馆员、具有专业情报分析能力的馆员等，他们在数据信息收集、信息整理、图书文献聚合分析方面具有专业的组织能力，可以为智库产品的服务与推广提供支撑。

## 一、专题馆员的作用

21 世纪是知识的世纪、数据的世纪。在“互联网+”时代，图书馆将成为一个多功能的现代化文献信息中心，专题馆员也将不再是传统意义上的图书馆员，而是真正担当起信息导航员、信息开发者、信息决策者和信息管理专家等角色，肩负着传播科学文化知识，进行社会教育职能的智库专家，尤其在专题馆智库建设中，专题馆员的作用显得更为重要[159]。

### （一）发挥“思想库”和“智囊团”的作用

专题馆员作为专题馆重要的人力资源，与一般馆员的区别在于其专业性强，所以相比较而言在专题馆智库建设中起着关键性的作用。因此，要发挥专题馆员“思想库”的作用，坚持以人为本的服务理念，全面推进素质教育，用新思想、新观点、新理论和新知识来引领读者。同时，专题馆应在时代变化和图书馆转型时期积极参与企业和政府决策咨询，充分发挥智囊团的作用，要聚焦国家发展的重大理论、政策与现实问题，开展舆情监控研究，系统把握国情的发展状态以及规律，加强战略谋划、情报搜集，为政府以及其他企事业单位等部门提供全面、高效的决策服务。

### （二）发挥“顾问”“参谋”作用

首先，专题馆员对社会和专题馆的发展要进行前瞻性、实证性、策略性研究，准确把握社会和图书馆改革发展的动态和趋势，科学地预测未来专题馆的发展，为推动社会和专题馆智库建设发展建言献策。其次，要当政府等部门的顾问，为政府决策发展等出谋划策。对专题馆智库建设进行系统规划设计，最大限度地发挥图书馆专题馆智库所蕴含的优势和特色，为政府和企事业等部门充当“尖兵” “耳目” “参谋”[160]。

### （三）发挥“推介”“引导”作用

发挥宣传作用是对专题馆智库建设提出的必然要求。专题馆员应积极宣传党和国家的教育方针政策，阐释解决问题的思路和步骤，引导读者树立正确的思想观、人生观和价值观，抵制各种阅读不端行为，为教育改革发展凝聚最大的共识。要适应新形势、新要求和“互联网+”时代的新变化，重视加强图书馆情报信息研究，及时关注社会舆情，科学引导社会舆论，为图书馆事业的发展营造良好氛围，在社会的可持续发展中彰显图书馆的社会价值。

## 二、专题馆员的使命

图书馆以其丰富的馆藏优势，谋求在国家智库建设方面的一席之地，作为拥有专业化的学科背景的专题馆员，在构建专题馆智库知识建设中发挥了不可或缺的作用。专题馆在进行智库建设过程中，专题馆员在搭建各类智慧平台以及智库知识成果服务衍化过程中担负着重要的使命。

一个能够提供科学决策的成功智库，必定是建立在大量情报资料共建共享的基础之上。专题馆要实现转型智库建设的目标，必须先由专题馆打造一个统一、开放、共享的智能信息管理平台，在建设业务流程协同化、办公管理智能化的“智慧图书馆”的同时，实现专题馆智库与党政决策部门之间的无缝对接，为智库建设提供坚实的数据理论支撑和技术应用基础[161]。智库平台的构建是图书馆转型建设最重要的部分。

### （一）开发智慧化数据管理平台

该平台建设是图书馆实现转型建设的技术支撑与基础。它是图书馆各个部门数字化、智能化、自动化管理的平台，通过该平台对互联网、无线网等多种网络通信进行技术集成，利用 GPS、身份识别等技术，为用户提供随时随地图书查询预约、阅读电子读物、观听讲座等形式操作，实现书、人、设备和场馆之间的数据互联共享，该平台还应具备大数据处理的云服务功能。图书馆要实现智慧化转型，首先，需要处理来自图书馆自身数字化资源、网络通信终端数据、馆内设施信息数据以及用户行为日志等大量格式编码；其次，需要对海量数据进行分析重组并发现其内在关联性，这必然需要建立具备云存储功能的大数据处理平台，以提升图书馆云服务知识的专业化。

### （二）建设特色化信息资源平台

数据管理的技术平台搭建好后，规划建设具有本地特色的信息资源平台成为图书馆转型建设的核心内容。具体说来，特色化信息资源平台的栏目建设应涵盖以下几部分内容：第一，建立以本地历史文化为背景，区域文化发展为导向，地方文献和各类调研报告富集化的特色馆藏。第二，设立政府文件与会议论坛数据库、统计信息与内参数据库、专题成果与简报数据库，对宏观战略性问题进行长期跟踪与数据分析。第三，建立涵盖知名学者、智库管理人才、学政媒各界专家的人才库，对各位专家的研究领域、论著与研究报告等智库成果批示情况设立专门的数据仓储。第四，开设集成智库用户成果与用户服务的精品案例库和项目库。第五，用户档案库。在对智库用户信息需求与行为进行长期跟踪记录、动态分析的基础上，摸索用户的决策需求和规律，对用户所需知识进行预测、提炼与总结，将针对性强、更精准的知识服务主动推送给用户。

### （三）构建协同共享的智库联盟

该平台承担了图书馆服务智库发展的三大功能：第一，通过专题馆构建智库平台，有利于形成稳定有效的研究成果呈送渠道与信息发布渠道，实现政府决策—舆情成果—民意之间上传下达的作用。既可以专业知识规范政策文件，也利于将政策普及于民众，还有助于联合调研的开展，加强各种信息资源的整合与互动，充分发挥信息服务平台公共资源的作用，推动智库内部运行由传统封闭模式向新型开放模式转化。第二，该平台的建设可以利用现代化手段，一方面为智库用户提供所需信息资源可靠的网络连接和访问资源，并为在线咨询的用户提供线下探讨的场所；另一方面可以通过平台及时将优质产品及项目成果推向社会，加强成果的利用效率，提升智库咨询品牌对社会的影响力和渗透力。第三，有利于智库间的切磋交流。优势合作、资源共享、项目共研的全方位、宽领域、多层次的协同数字化平台的开发，是促进地方智库参与国内外智库合作交流互动的新型媒介，借助博客、微信等社交网络服务平台拓展影响，为不同智库机构之间切磋交流及联合调研提供高效、便捷的渠道。

### （四）智库知识成果服务的衍化

现代智库服务于领导决策最直接的途径，就是为决策者提供高质量和专业化的研究成果。而事实上，除了少数优秀成果被有关部门所采纳外，还有大量成果无法直接应用。因此，专题馆员在承担智库成果保存功能的同时，服务范围还应扩大至智库成果的整合、评价与推广。首先，通过多维指标对智库成果进行评价，专题馆可以从定量与定性纵横两个方面来进行。从各项细化指标来看，专题馆可以利用引用率和影响因子等图情专业文献评估指标、开放获取的智库报告以及研究成果等网络链接率、点击播放率、舆情报告的领导批示率等数据对智库成果的影响进行量化分析[162]。其次，可以综合领导决策者对批示成果的好评程度、专题馆员对智库成果转化产品的打分评价、各产业单位及社会媒介对智库成果的应用评价等方面，对智库报告的效果进行长期的跟踪与反馈。再次，搭设多媒介信息平台对智库成果保存推广。对于智库成果的定义，可以分为两个方面：一方面是智库产出的成果，专题馆应用文字、音视频等多种途径，通过制作智库旗舰出版物、构建议题圈等方式充分发挥智库影响力；另一方面智库本身就是我国社会科学领域的重要知识宝库。专题馆可以通过构建专家信息机构知识库、基金或项目知识库，实现对智库项目从立项到成果产出进行全程动态管理，对相关知识资源进行整合保存，促进我国知识资源的保障。最后，设置激励机制激发智库成果的常态创新。专题馆要对不同研究周期的智库成果进行跟踪记录与评价考核。既要考虑有具体考核年限的智库项目，又要特别考虑一些科研时间长、花费精力大、产业转化周期长的智库项目，避免研究人员为应付考核草率完结智库项目。还可以由专题馆员对各项智库成果进行分类分级的统计，为制定成果奖励提供依据标准等。专题馆应注重构建精神激励机制，通过图书馆各类信息发布平台，对优秀的智库成果进行宣传鼓励，不断优化专题馆员的精神满足感与事业成就感。

## 第四节　手牵手合作开展智库知识服务

智库的建设需要很多方面的条件，人各有所长，图书馆也是，不同的图书馆根据其功能、定位、馆藏结构、人员构成以及馆舍空间等条件，智库的建设依靠图书馆单打独斗是很难完成，需要各方面的合作共同开发智库知识服务。

## 一、发展智库知识服务策略

目前，我国图书馆智库知识服务系统存在一些不足，要提升我国图书馆智库发展的能级，必须从以下几个方面着手。

### （一）信息层面：利用云技术

目前，我国图书馆领域信息平台的建设已经比较完善，但是随着科学技术日新月异的发展，逐渐显现出可以进一步改进的空间，比如说：目前，公共图书馆均已经建立了数字服务平台，并设置了各类特色资源数据库，但数字服务平台的多元化服务功能还有待完善，尤其是基于信息分析的可视化统计分析服务还需深入推进发展。可利用日趋广泛应用的公有云、私有云、混合云等各类新兴的云技术来完善图书馆智库平台的建设，云技术是指在广域网或局域网内将硬件、软件、网络等一系列资源统一起来，实现数据的计算、储存、处理和共享的一种托管技术，目前业界合作并使用较多的有四家公有云：阿里云、华为云、亚马逊云、微软 Azure。其结构分为 4 层：物理资源层、资源池层、管理中间件层和 SOA 构建层，其中，物理资源层包括计算机、存储器、网络设施、数据库和软件等；资源池层是将大量相同类型的资源构成同构或接近同构的资源池，如数据资源池；构建资源池更多是物理资源的集成和管理工作，并对众多应用任务进行调度，使资源能够高效、安全地为应用提供服务；SOA 层将云计算能力封装成标准的 Web Services 服务，并纳入到 SOA 体系进行管理和使用，包括服务注册、查找、访问和构建服务工作流等。通过这些现今云上诞生的众多原生的技术组件的广泛使用，使得原先的方案交付变得更加容易和快速，性能扩展能力及平台的稳定性得到了大幅提高，把很多手工处理的工作完全交给基于云的智能平台去处理，实现了所想即所得的交付目标。另外，从用户体验的角度，使用者只要输入简单的指令即能得到大量信息。其速度快、存储量大的特点正适用于图书馆的庞大资源，也使图书馆信息层面的智库能力得到加强。

### （二）知识层面：利用知识挖掘技术

目前，我国提供实时参考咨询服务的公共图书馆较少，大大降低了公共图书馆资源的利用率，对公共图书馆从知识职能向智库职能转化造成阻碍，很多省级公共图书馆尚未建立研究中心，亦少有专业人员参与到参考咨询服务当中；部分公共图书馆虽建立了研究中心，但仅限于图书馆情报领域的研究，对智库层面的资源提供较少。对于提高知识开发深度和效率，专题馆智库在知识层面上提供的基于信息的知识解读与析出的能力，离不开知识挖掘和情报分析。目前，虽然计算机可以处理与存储海量数据，但其知识理解的内容层次、对数据进行类似人的智能信息理解的能力十分有限。专题馆发展智库应提升自己应用知识挖掘技术的能力，对数据进行较高层次的处理与分析，以期得到关于数据的总体特征和对发展趋势的预测。深入发展合作式参考咨询，通过协作关系，逐步扩展到由多家图书馆，乃至政府、科研机构共同合作，提供全天候的网络协作式参考咨询服务[163]。

### （三）智能层面：建立专家智库

图书馆拥有完整的特色资源和专业化的学术资源，建有科技查新站的图书馆能够提供科技查新，但在专家资源与信息资源的有机结合方面比较薄弱。建立专家库，充分调动社会各方面的人力资源，使馆内各种资源有效地运转起来。专题馆应通过聘请和吸纳政府方面有关人员及与企业之间的合作，利用图书馆丰富的资源以及强大的数据处理能力，加强与政府、企业项目的互相结合，成立政策研究项目小组，为政府部门的决策提供智力支持；建立企业战略研究项目组，分析和预测本地优势产业发展趋势。同时也加强与高校图书馆、科研机构图书馆等各专业领域内专家、学者的联系，完善薪酬制度，汇集一批不同领域内专家、学者的智慧，增强专题馆智库专业化服务能力的广泛性。

### （四）综合层面：完善智库管理保障机制

目前，我国图书馆智库管理机制和保障机制不是很完善。2015 年，国务院办公厅印发了《关于加强中国特色新型智库建设的意见》，并要求各地区各部门结合实际认真贯彻执行，标志着新型智库建设已经从高层部署进入到了实践操作层面。图书馆智库体系的建立作为多层次、新型智库体系的组成部分，需要从管理机制上进行改革创新，发挥知识和智慧集散地的作用[164]。

建立企业化运营机制：我国图书馆智库基本上缺乏独立性。应按照独立性、多元化的目标来改革现有体制内的智库，推动图书馆智库实现企业化运营；在业务发展上，改变其侧重收集资料、提供检索的特点，转向知识层面和智能层面的建设，研究具有战略性、创新性、前瞻性和国际化的问题。

建立智库人才旋转门机制和人才管理机制：根据欧美国家智库的发展经验，智库人才旋转门机制使知识与权利得到了有效的结合，不但能够促进智库提高研究水平，而且对智库参与公共决策和社会思潮发挥着重要的影响。目前，在我国建立旋转门制度还存在很多困难。安排一些图书馆智库专业人员到政府部门工作一定的时间，然后再回到图书馆智库工作；也可以让馆员到公益性质的社会团体、企业任职一定的年限，从而通过各个方面的社会实践了解社会，把握来自社会各方面的需求，更好地分析社会发展变化的趋势[165]。

设立海外分支机构：支持图书馆智库“走出去”，根据研究和发展需要，通过合作研究等方式，在世界各地设立一定数量的分支机构。通过这些分支机构，为图书馆国际智库研究人员开展海外研究提供便利，为智库了解当地实际情况提供一手信息来源。保证图书馆智库评估的合理性、分析的科学性，形成自身独特的智库文化，从而拥有足够的空间发展，提升图书馆智库职能的对外服务能力[166]。

## 二、利用社会力量合作开展智库知识服务

智库的建设依靠专题馆员毕竟有限，需要借助各方面的智慧和力量，才能建设高水平的智库知识服务体系。

### （一）建立智库专家数据库

专题馆要遴选一批高水平的本专业的专家，建立特色智库—专家数据库，从而确保智库知识服务建设的高水平。通过专家智库的建设也能确保专题馆建设的持续性发展，由专题馆员为主导建立长效的管理机制。通过搭建智库专家平台，可以确保人尽其才、才尽其用，强化配套信息支持。以重实力轻名气、重潜力轻资历为指导，综合运用情报分析手段，做好特色智库的人才储备工作[167]。

### （二）与社会力量合作建设智库

合作有助于实现人才流动、资源共享及协同创新。一是馆校合作。

如广州图书馆、东莞图书馆的“十三五”发展规划就是由公共图书馆与高校的专业团队联合研究而完成。二是馆际合作。杭州图书馆借助上海图书馆在人才、技术、资源等方面的优势，以《杭州 G20 峰会外媒舆情监测》等项目合作为抓手，共同服务于地方政府的科学决策。三是与党政机关合作。《关于政府向社会力量购买服务的指导意见》明确了要创新政府购买决策咨询服务的体制机制，这表明政府购买决策咨询服务将成为常态。目前，部分主流媒体已经把智库服务拓展到了地方政府的决策咨询项目，各类图书馆更要积极参与政府购买决策咨询服务的竞争。四是与企业合作。图书馆的一些创新型、智慧型服务也需要借助第三方平台才能得以实现。如上海图书馆的可视化展示项目就是与豆瓣网和万达信息公司进行不同层面的合作。五是与民间社团或民间智囊机构合作。加强图书馆与社会各界的沟通与交流，主动宣传自己，挖掘更多需求，拓宽合作领域，探索更多的合作方式及内容，以便各方形成合力，共同把图书馆的智库建设及智库服务推向深入。

# 第九章 国内其他专题馆案例介绍

图书馆人在寻求图书馆发展的转型过程中，随着读者个性化需求的出现，专题馆以其专门性和专业性脱颖而出。经济发达地区，如长三角、珠三角以及京津冀地区，在完成了图书馆基础设施建设以后，更加追求社会服务功能。而图书馆直接面对着社会经济发展的大潮，面对更广泛的服务群体，也需要图书馆在工作中不断求变、在服务上不断创新，这些为专题馆的发展提供了条件。专题馆建设体现了地区经济基础、文化底蕴和图书馆事业长足发展相结合的综合实力。调研图书馆网站，辅以论文、新闻分类统计，从 2000 年至今已建成的专题馆为 71 家。珠三角地区 39 个馆，主要集中在深圳、东莞、广州、佛山等地；长三角地区 20 个馆，主要集中在上海、杭州、温州等地；京津冀地区 12 个馆，主要集中在北京、天津等地[168]。

本章主要从深圳、东莞以及长三角几个城市中，选取专题馆建设比较典型的事例进行介绍。

## 第一节 深圳图书馆

深圳图书馆新馆建成之初，提出“应以读者为中心，建设一个符合各种读者需求及其未来变化趋势的现代化图书馆……对社会实行开放式服务。应符合可持续发展的要求，对未来图书馆发展趋势作出敏感的回应”。因此，深圳图书馆新馆工程项目和规划筹备都努力做到以人为本，多为读者着想，力图给读者营造一个安全、方便、舒适、温馨的环境，给工作人员提供良好的工作条件。尽量使人在视觉、听觉、触觉及心理上感到舒适，构造图书馆内部的格调性空间[169]。

秉着建馆原则的宗旨以及适应时代发展的需求，深圳图书馆是我国较早进行了“专题图书馆”实践的，专题馆的建设水平也在全国各大公共图书馆当中处于领先位置，积累了相当多的经验。深圳图书馆专题的选择多与地域、地缘优势以及产业、社会发展有关。专题服务区设在新馆五楼，按专题类型分为商贸、法律、时装、东盟信息资料中心及外文报刊区，主要为研究型读者提供专题文献阅览及咨询服务。

## 一、时装图书馆

通过文献使用调查，有关时装类的文献深受读者喜爱，借阅率极高，深圳图书馆基于读者兴趣考虑，从公众感兴趣的目的出发，1993年建立了时装图书馆，时装图书馆是该馆第一个专题图书馆。1993—2006年，时装图书馆实行会员制，累计发展会员3 000多名，其收藏的时装文献满足了时装设计师、时装爱好者的文献需求，受到时装专业读者的喜爱和欢迎。2006年7月深圳图书馆新馆开馆，时装图书馆搬迁至新馆五楼，对外实行免证开放、开架阅览的服务方式。

时装图书馆主要收集国内外有关服装、服饰和面料的设计生产、市场动态、发展趋势等方面的专业报刊以及服装设计理论、店面管理和纺织品营销等图书，还有各种色卡和面料样板实物、时装的各种图片和时装表演的录像资料。排架方式按照各个主题进行排架。时装图书馆同时也关注数字多媒体建设，每年都进行大量的经费投入，将时装秀的录像带转成数字资源存储，利用 VOD 视频点播系统来统一管理和提供阅览服务。在数字资源建设上不可避免地碰到版权问题，要自建数据库就必须有自主版权，为此，时装图书馆在自建数据库过程中，采取与读者和品牌厂家做本地设计师与本地时装品牌库，为读者和企业免费建库。在征集资料的时候，会明确地界定双方的权利与义务，较好地解决了版权问题，深圳图书馆在自建数据库涉及版权问题方面的经验值得全国借鉴。

时装图书馆除了日常的文献推介工作外，还对此类文献进行了二次开发，制作了《服装结构设计、服装款式设计推荐目录》《服装工艺专题推荐目录》推荐给读者，方便读者使用。线下则与行业协会、设计师协会合作举办各种公益讲座、技能培训，如“时装知识讲座暨时装专题文献推介活动”。

## 二、法律图书馆

为满足深圳市民不断增长的法律文献需求，更好地为深圳市立法机关提供法律文献信息服务，深圳图书馆于 2000 年建立了法律图书馆，这是我国国内第一家载体多样化、管理专业化的法律图书馆。法律图书馆主要收藏世界上主要国家的法律、规章等规范性文件、公告、标准文本、会议论文、报告及案例等。深圳本地的具体行政管理事项、规范性文件更是其收藏的重点，并自建多个法律专业数据库，提供数百个法律专业网站的链接。为司法工作者、律师、法律专业学生等专业读者提供专业化的法律文献信息服务。法律专题馆很受法律专业读者的欢迎。按法律类别，具体就是分类法中的 D9 类别，排架方式按主题进行排架。

法律图书馆非常注重深化服务、打造服务品牌，主动联系深圳市司法局政策法规处、深圳市司法局法律援助处、深圳市法制办法制研究所等单位，进行课题研究以及项目合作，如："深圳市人民调解条例立法研究""司法鉴定体制比较分析""深圳市法律援助实施办法""深圳市处理农村城市化历史遗留违法建筑教程""美国司法制度及律师管理现状和借鉴"课题中，深圳图书馆跟进性地提供大量针对性强、价值高的文献资料（篇目索引、原文提供），并多次收到表扬信、锦旗，取得了良好的社会效益。法律图书馆还与深圳市司法局合办"深圳公民法律大讲堂"活动，与深圳市律师协会共同合办"法律义务咨询暨法律文献推介"活动等。为了与读者取得互动，法律图书馆举办"法律经典著作阅读分享"活动。为了充分体现深圳图书馆作为公益文化单位积极为弱势群体服务的社会职能，法律图书馆还与市司法局法律援助中心联系，设立法律援助接待点，为有需要的读者提供及时的法律咨询和援助。

## 三、商贸图书馆

深圳图书馆瞄准特区处于改革开放前沿、外贸出口领先全国的城市经济特点，于 2006 年新馆开馆时筹备建立商贸专题文献图书馆，建立的初衷是为工商界人士提供国内外相关商贸信息，为研究机构及学者提供各种商贸参考资料，为中小企业寻找国内商机，开拓国内外市场提供及时的贸易资讯，为市民个人创业提供高效、优质的商贸资讯服务。

商贸专题馆集中收藏有关商业贸易以及市场活动的各种资料，重点收集投资环境与招商资料、行业分析与市场报告、企业与产品目录资料、贸易机会与关税资料、统计年鉴以及展会资料等。为从事商贸投资、市场营销以及从事相关研究的读者提供文献信息服务。馆藏重点：

（1）投资环境与招商资料；

（2）行业分析与市场报告；

（3）企业与产品目录资料；

（4）贸易机会与关税资料；

（5）统计年鉴以及展会资料。

根据分类号，将涉及 F7 贸易经济；F276.3、F276.8 中小企业、高新技术企业、合资经营企业、私营企业、跨国企业、垄断组织；F116 国际经济组织与会议；F279 世界各国企业经济；F131.26、F135.9、D731.26、D735.9 东盟政治经济；C83 统计年鉴；F626.12 黄页；Z52 中国及地方年鉴。根据题名字段，包含市场（market）、营销（marketing）、贸易（trade）、销售（sales）、创业（entrepreneurship）、品牌（brand）、采购（acquisition）、商业（business）、世界贸易组织（WTO）、博览会（exhibition）、小企业（small enterprise，business）等关键词。

商贸专题馆注重文献的开发，定期或不定期地编制二次专题文献，宣传本专题的特色资源，向读者推荐优质书刊等文献，如《行业与社会年度报告专题推荐书目》。

## 四、东盟信息资料中心

深圳毗邻广州这个唯一齐聚东盟各国的领事馆地区，靠近广西为核心的大西南以及东盟大市场的枢纽，深圳图书馆利用资源水平和自身优势，于 2005 年 6 月，与 WTO 及中国-东盟贸易区法律、贸易研究会（深圳）联合成立了东盟信息资料中心，位于深圳图书馆五楼。东盟信息资料中心主要为东盟研究会会员、东盟研究者、投资东盟的企业家等提供东盟专题文献信息服务。该馆东盟信息资料中心是国内较早建立的资料较为丰富的东盟专题图书馆。

东盟信息资料中心全面收集有关东盟及其成员国的政治法律、经济贸易、社会发展、文化旅游等资料，并逐步扩展到包括日本、韩国、印度等亚洲地区。东盟信息资源中心作为深圳图书馆的其中一个重要专题馆，每年专业馆员都积极进行东盟文献资源的建设研究，对国内外出版的东盟文献资料进行精心筛选，尽可能全面入藏各种有价值的参考文献。相对其他专题文献，东盟文献的正式出版物较少，非正式出版物占比较大，这样就必须通过多渠道、多途径方式采集。密切留意出版社和出版信息，与东南亚研究所、领事馆等建立交换机制等。广州设有东盟几个成员国的领事馆，每年深圳图书馆馆员都会赴各领事馆收集主旨报告、专题发言和分会场等内容，包括东盟民航、电子商务、互联网、计算机等资料，另外还通过网络、媒体推荐以及读者荐购等进行补充。中国—东盟博览会每年在广西南宁举办，馆员亲自到会场参观并收集资料，征集各种商务和投资峰会、各种专题论坛发放的纸质材料和光盘资料，这些文献资料非常有参考价值，馆员通过分编整理，存放在东盟信息资源中心的“东盟征集文献阅览专柜”中，读者可凭阅览证阅览。另外，深圳图书馆与在广西举办的“南博会”组委会及东盟秘书处建立了资料交换关系，尽可能增加东盟文献的入藏量，完善东盟特色文献体系。同时，利用各种设备和技术手段，将有关东盟的会议活动进行数字化处理并保存。

东盟信息资料中心定期或不定期地宣传专题馆特色资源，编制二次文献推送给读者，如《馆藏现刊刊名目录》《新加坡征集文献资料推荐目录》等[170]。

## 第二节 东莞图书馆

2002 年，东莞图书馆以新馆建设为契机，结合东莞社会经济发展的特点，对新馆的营运模式和功能定位加以重新规划，提出了发展的总目标：与东莞城市发展目标相适应，建设一个集传统文献资源和现代网络资源于一体、信息资源和人才资源交融的城市中心图书馆，成为东莞市的文献信息服务中心、区域图书网络中心、大众教育活动中心和专题文献研究中心，在馆舍、设备、队伍、管理、服务等方面达到国内城市一流图书馆水平。在服务功能设置上，细分不同层次、不同类型的读者对象，设立“自助图书馆”“漫画图书馆”“粤剧图书馆”“儿童天地”“礼仪之家”“玩具图书馆”等 11 个各具特色的馆中馆，将同一主题、不同载体形式的文献进行合理组织，集中管理，读者可以根据自己的爱好和需求，直接到专题馆（室）阅览或查找资料。在环境装饰上，各个主题馆各有特点，凸现个性。比如，漫画图书馆以色彩跳跃的动漫卡通做装饰背景，充满时尚的流行元素；儿童天地绚丽活泼，迎合了少年儿童活泼好动的性格；衣食住行图书馆按衣、食、住、行主题划分阅览空间，营造淡雅舒适的家居式阅读环境；东莞书屋、台湾书屋采用具有浓郁地方特色的装饰画进行装饰，给读者营造亲切感和归属感。建设各具特色的个性化服务空间，开展多种多样的个性化服务，成为东莞图书馆的服务品牌。

### 一、漫画图书馆

2002 年东莞图书馆相关馆员在业务数据分析时，发现读者对漫画文献的借阅量需求增长明显，并撰写工作建议。彼时东莞图书馆为迎接新馆开馆，确立了专题立馆的业务建设方针，而东莞又是改革开放以后最早接触国际动画和漫画文化的城市之一，逐渐发展成为世界最大的动漫衍生品基地。东莞图书馆敏锐捕捉到城市动漫文化的发展和公众对动漫阅读需求的增长，成立专项工作小组，进行工作调研。一方面通过业务系统对漫画文献利用情况进行统计分析，佐证读者对漫画文献的客观需求；另一方面了解国内动漫图书馆建设现状、漫画文献出版情况、东莞动漫产业发展生态等，然后进行实地走访，学习了台湾漫画馆经验，了解本土动漫企业的服务需求。经过对漫画馆建设可行性的充分调研和论证，2003 年 10 月决定筹建漫画馆，拟订《漫画馆运作方案》，由相关工作小组负责具体实施。2004 年 7 月，漫画馆在东莞图书馆老馆试开馆，成为我国大陆第一家动漫主题图书馆，读者和媒体反响热烈。漫画馆的主题确立是从关注读者需求变化出发，在程序上经过科学的调研和论证，不仅符合社会公众的实际需求，而且符合城市动漫产业发展的需要，并制订了规范的运行方案，这为专题图书馆如何确定主题提供了范例。建成以后，由于动漫受众群体庞大，服务内容贴近大众生活，漫画馆每年接待读者达到 30 万以上，以不到全馆 1/20 的馆藏资源，接待超过全馆 1/8 的读者人数，取得了较高的服务效益。

东莞图书馆对漫画馆的发展非常重视，从战略层面，综合读者需求、公共图书馆属性、动漫行业服务需求以及图书馆行业发展需求等因素，确立了动漫文献信息中心、动漫创意活动场所、动漫产业服务基地、动漫发展研究平台四个发展目标，明确了漫画馆发展愿景和所应承担的社会角色。2016 年漫画馆纳入《东莞图书馆“十三五”战略发展规划（2016—2020）》的重点发展战略，并将“构建中文漫画文献基地”作为主要任务，强化文献保障职能。

漫画馆有漫画书 20 000 余册、期刊 34 种、视频资料 2 000 余件，除阅览、视听服务外，还开展了角色表演（COSPLAY）、动漫画欣赏、作品展示、在线涂鸦等多种个性化服务。馆内功能齐全，特色分明。其功能布局与漫画文化有机地融合于一体，栩栩如生的动漫人物、琳琅满目的周边产品、青春时尚的环境氛围都给人一种强烈的漫画冲击感。根据漫画的题材、类型及读者的需要，创建了一套比较特殊的分类排架体系，以字母的形式将漫画图书分成单幅漫画、四格漫画、长篇漫画、文学题材漫画、其他类型漫画，专题漫画文献的区分更加细致，极大地方便了读者的查阅。

在职能管理方面，通过部门基准制明确漫画馆由少儿部负责运营和管理，根据战略规划制定《漫画馆年度工作目标责任一览表》；通过岗位责任制将具体指标和行动策略落实到员工，确保战略实施；通过项目管理制鼓励跨部门的小组协作，以促进业务创新。在业务管理方面，制定《东莞图书馆文献资源采选条例》《东莞图书馆报刊订购规则》，将漫画专题文献作为采购重点，夯实动漫文献资源基础；制定《漫画馆阅览规则》《动漫节活动规程》《漫画图书分类细则》等，对漫画专题文献的阅览、分类、排架和活动组织作了明确的规范，保证了漫画馆正常运行和管理。在绩效管理方面，制定《东莞图书馆卓越绩效管理实施办法》《东莞图书馆工作人员考核办法》《东莞图书馆读者服务绩效评价指标体系》等绩效评价制度，并且通过年度考核、季度中层例会、部门月度例会等方式定期对漫画馆员工、中层干部、部门进行绩效评价和考核，监测漫画馆战略目标完成进度。规范的制度建设有利于漫画馆的业务创新、流程优化和标准化管理，保障战略目标的顺利达成和日常运营的稳定性。

漫画馆探索“资源+活动”模式，以图书、报纸、期刊、手办模型等动漫资源为基础，辅之以多形态动漫主题活动。如开办“动漫学坊”，每周举办动漫作品赏析、技法交流、原创展示、漫像写生等常态性公众学习活动；首创“东莞动漫节”，举办“在人间·再情味——丰子恺艺术展”“我和动漫大师有个约会——漫画家见面会”等系列主题活动；策划“东莞夏日祭”，培育本土动漫社团，举办宅舞交流、COSPLAY表演等活动。“资源+活动”模式使静态文献和动态活动相互补充，通过文献阅读提升活动创意，通过活动提升阅读兴趣，不仅促进了动漫文化的传播，而且丰富了服务形态，提升了专题馆的服务效益。漫画馆探索“公众+产业”模式，一方面依托丰富资源自建动漫数据库，为企业提供市场调研、信息咨询等智力服务；另一方面建立“奥飞动漫体验馆”“东莞四眼动漫文化馆”“漫友文化阅览之窗”等产业展示空间，面向公众推广动漫企业和产品，培养潜在动漫消费群体。此外，提升自身品牌的行业影响，先后成为东莞市动漫行业协会副会长单位、中国国际影视动漫版权保护与贸易博览会分会场，漫画馆已经成为动漫产业推广的重要阵地，突破了图书馆传统服务局限，实现跨界服务，促进公众与产业之间的良好互动。漫画馆探索“推广+研究”服务模式。一方面注重课题研究，提高专业化服务能力。编撰《漫画文献总览》，共计6卷12册，收录1949—2014年的中文漫画书目，提高动漫文献研究能力；与高校合作编撰“动漫文献研究丛书”，包括与北京大学信息管理系合作《公共图书馆动漫服务研究》、与武汉大学信息管理学院合作《国外图书馆动漫文献资源建设与服务》、与华南师范大学信息管理系合作《欧美漫画文献的出版与发行》，提高动漫服务研究能力。另一方面，注重成果分享，将优秀研究成果在中国国际影视动漫版权保护与贸易博览会进行展示和推广，组织“全国动漫资源建设专家研讨会”，邀请图书馆同行、动漫企业代表、专业美术院校教授进行交流和分享，探索和研究图书馆动漫服务新领域，促进行业服务水平的提升[172]。

## 二、粤剧图书馆

为了弘扬文化、传承艺术，东莞图书馆成立了粤剧图书馆。粤剧图书馆有粤剧文献资料 8 000 多种、9 000 多件，其载体类型有图书、期刊、报纸、宣传单、木鱼书（即木鱼歌的唱本，用粤语创作）、剧本、曲本、海报、剧照、音像资料、手稿、剪报、戏票等，为广大粤剧爱好者提供阅览、研究、视听欣赏、展览等服务。粤剧图书馆定期举办地方戏剧表演与欣赏活动等。

## 三、绘本图书馆

绘本图书馆是东莞图书馆在总分馆服务体系下，联合分馆、社区、幼儿园等机构以合作共建方式共同建设，面向未成年人以开展绘本阅读为特色的专题分馆。绘本图书馆建设沿用总分馆体系统一标识、统一规划、资源共享的服务模式，通过整合社会资源，营造良好的空间环境，培育东莞市未成年人阅读品牌，推动未成年人阅读活动的深入发展。

2017 年合作共建的第一批绘本馆：万江图书馆、石龙图书馆、大朗长塘图书馆、南城中心幼儿园、塘厦图书馆。

万江绘本馆位于万江分馆二楼，馆内面积 146 $m^2$，现有绘本 5 000 余册，其中中文绘本约 5 000 册，英文 400 册。阅览座位 70 余个，提供绘本阅览、外借、智能辅助阅读、展览等服务，并定期举办绘本阅读分享会及绘本相关的各种延伸活动。

石龙绘本馆位于石龙分馆二楼，由原来的儿童阅览室升级改造而成，面积为 100 $m^2$，现有绘本、儿童读物 3 000 余册，少儿杂志 53 种，阅览座位 60 余个。提供绘本阅览、外借、智能辅助阅读等服务，并定期举办绘本亲子阅读多种活动[173]。

大朗长塘绘本馆面积为 120 $m^2$，现有绘本 4 000 余册，阅览座位 70 余个，提供绘本阅览、外借等服务，并定期举办绘本亲子阅读推广活动。

南城中心幼儿园绘本馆现有面积 100 余 $m^2$，分为室内和室外两个阅读区，绘本 5 000 余册，阅览座位 60 余个。提供绘本阅览、外借、智能辅助阅读、绘本手工制作、展示等多种绘本活动。

塘厦绘本馆位于塘厦分馆一楼少儿图书馆内，面积为 250 $m^2$，现有绘本 6 500 余册，少儿杂志 72 种，阅览座位 100 余个，提供绘本阅览、外借等服务，并定期举办绘本亲子阅读多种活动。

### 四、衣食住行图书馆

东莞衣食住行图书馆——贴近生活、品味时尚，位于东莞图书馆四楼东侧，总面积 700 多 $m^2$。馆内主要收藏贴近广大市民日常生活的文献资料，包括与市民日常生活紧密相关的衣、食、住、行专题图书 10 000多册、报刊 300 多种，满足市民日益增长的生活质量需要，为市民提供专题文献的查阅、咨询、展示、交流等服务。

衣食住行馆与东莞市建筑装饰协会合作，在衣食住行图书馆创建了“东莞图书馆装饰沙龙”，定期开展讲座和沙龙活动。衣食住行图书馆在职能上归参考咨询部管理[174]。

## 第三节　杭州图书馆

2008 年 10 月杭州图书馆新馆开馆，创新理念，科学发展，以先进的服务理念和硬件条件，为社会提供多元化、个性化的服务。杭州图书馆以打造“平民图书馆、市民大书房”为总目标，体现亲民、舒适、开放、生态、文化等理念，在功能上实现物理空间、社会空间、网络空间的大融合，在服务上实现量和质的飞跃，集文献借阅、学术交流、教育培训、报告展示、文化休闲等功能于一体，其空间布局、功能服务等方面具备了自己的特色。杭州图书馆综合历史人文、环境风貌、产业发展、社会进步、区域特色等城市发展中的各个因素，并与政府的城市发展规划和相关政策相结合，寻找最适合的建设主题馆[175]。

## 一、生活主题分馆

2007 年，杭州市提出了打造“东方休闲之都，生活品质之城”的城市品牌发展战略，对公共图书馆服务也提出了新的要求，如何满足市民品质生活的需求成为图书馆服务的新课题。杭州图书馆新馆建成后，地处市中心居住区的老馆一直作为综合性分馆使用。2011 年，在市委、市政府的大力支持下，老馆开始进行装修改造。借助这一契机，杭州图书馆适时提出了将老馆改造成生活主题分馆的设想：建设一座以生活服务为主题的分馆，向市民提供各种生活方面的信息和技能培训，满足市民多元化文化休闲生活需要。2012 年 7 月，整修后的杭州图书馆老馆以“生活主题分馆”的面貌重新开放。分馆地处杭州市浣纱路 254 号，建筑面积 5 228 $m^2$，共分四层：一楼为社会科学、考试主题借阅区；二楼为报纸、期刊、音像碟片借阅区；三楼为休闲生活主题和自然科学借阅区，附三楼为少儿借阅区；四楼为教育文史艺术借阅区。

馆藏以纸质文献为主，拥有各类文献资源 45 万册，报纸 100 余种；阅览期刊 800 余种，外借期刊 300 余种。另有部分生活知识类多媒体光盘及影音资料。分馆保留了原有的建筑格局，风格上与总馆呈现出的典雅风格相一致，阅读环境温馨舒适。

围绕“生活的艺术、艺术的生活”这个主题，在读者服务上突出

“生活”主题特色，在服务方式上推出“体验式”阅读方式，充满生活情趣，让读者在切身体验中了解、分享品质生活理念和方式。比如美食体验系列，红酒品鉴系列，园艺系列，手工系列，观赏鱼鉴赏系列，职场修炼系列，健康生活医生系列，旅行系列，摄影系列，戏曲表演系列等。这些活动涵盖了人们吃、穿、住、用、行的各个方面，内容丰富、形式多样且情趣盎然，很受市民欢迎。在活动筹划、举办的过程中，生活主题分馆特别鼓励市民的加入，一方面招募生活达人向人们传授生活技能和经验；另一方面通过这些活动将普通市民培育成为新的生活达人，新的生活达人继续向其他人群分享和交流生活经验，循环往复，形成一个以生活主题分馆为平台的向人们传送美好生活理想的正能量圈。

## 二、佛学分馆

杭州素称“东南佛国”，佛学流派纷呈，寺院藏书兴盛。佛教、佛学以及寺院藏书文化对杭州社会文明产生了深远的影响。杭州图书馆筹划建立佛学分馆，就是希望可以借此推动佛学文化在现代社会的传承和发展，让传统文化在现代城市建设中焕发出新的活力。佛学分馆位于西湖景区天竺路，毗邻三天竺、灵隐寺等佛教圣地，2012 年 5 月开放，占地超过 400 $m^2$，装修风格以木结构为主，以体现佛教的拙朴韵味。馆藏图书近万册，有佛教经典和佛教学术类文集，也有佛教艺术、禅茶、素食等佛教文化类图书，可满足不同读者的需求。除了借阅服务，佛学分馆通过举办各种沙龙、展览、讲座等系列活动，为杭州市民搭建了解杭州地方文化、感受佛教艺术的平台。活动的参与者来源广泛，策划人、主持人、主讲人、召集人等均来自社会各个层面，既有佛学研究者，也有佛学爱好者。在活动过程中注重互动和交流，鼓励普通市民参与，同时尝试一些活泼的活动形式，比如将讲禅和品茶结合起来的

"禅茶会"，将展品以融入馆内外各个空间环境的形式呈现的展览等。

作为杭州图书馆的专业主题分馆，佛学馆秉承平等、免费、无障碍理念，以谦和而包容的态度迎接所有来客。在办馆理念上，融通一千六百年东南佛国的人文传统，立足于发掘佛学文化与杭州历史文化渊源及发展，传播多元文化、倡导禅意生活，为佛学文化爱好者及杭州地域史文化史爱好者提供了一个公共交流和研究的平台。"天竺山房金经藏，流虹桥畔妙莲香"，2013 年 7 月，佛学分馆被众多网友誉为"最美读书地"[176]。

## 三、运动分馆

在"全民健身运动已经成为民族复兴的新动力、经济转型的新趋势、民生需求的新期待"的大环境下，为进一步深化和完善杭州公共图书馆服务体系建设，杭州图书馆紧跟时代步伐，其运动分馆于 2015 年 9 月 19 日正式对外开放。

运动分馆立足公共文化服务，以"运动健身、运动养生、读书改变人生"为服务理念，通过"体验感受、交流互动、知识传播"的服务手段，把传统的以文献传播科学养生知识的模式，转变为以文献为基础，融入阅读推广、专题讲座、项目体验、交流互动等服务内容，对知识进行多层次、立体式的传播，以更好地倡导科学运动理念、普及与传播健身养生知识，推动群众体育运动的开展，促进人的全面发展，推进杭州品质之城建设。

运动分馆位于杭州市文一西路荆长路西溪八方城内，是一个集阅读、体验、交流、互动于一体的现代概念图书馆，是市民体验现代运动项目、交流运动健身经验、了解健康科学生活方式的学习基地、体验基地和交流基地。其服务呈现三大特色：

（1）“运动+”体验：围绕运动主题特色，将图书与运动有机结合在一起，馆内呈现动静相宜的形态。其馆藏文献以体育运动类专业图书为主，辅以旅游、摄影等休闲文化书籍供读者借阅。馆内引入多个运动体验项目，市民朋友可在图书馆内及馆外体验点体验包括射箭、高尔夫等多项运动。

（2）“运动+”阅读：运动是动态的，人们通过参与能够获得更为深刻、全面的知识。运动分馆在阅读服务上，将读者参与、地方特色人文等元素融入传统阅读，与相关机构、高校联手打造主题多样的自主参与平台，鼓励读者成为运动主题阅读活动的主角，通过馆内阅读、馆外走读相结合的形式，在活泼的动态活动中领略历史人文风情和运动的独特魅力，获取科学健身、健康生活的知识。

（3）“运动+”交流：运动是一种健身方式，贵在坚持，也重在适度。运动项目因人而异，因此，在全民健身的热潮下，运动常识的普及显得尤其重要。运动分馆秉承图书馆社会教育职能，将积极组织开展相关主题的讲座、沙龙活动，向市民朋友普及传播健身养生知识，指导市民朋友科学参与运动健身，为杭城的运动爱好者搭建交流、互动、分享的精神栖息地和共同进步的平台。

## 四、科技分馆

杭州图书馆科技分馆（滨江区图书馆）是由杭州图书馆与杭州高新区（滨江）社会发展局合作成立的一所一级区级图书馆，也是杭州图书馆的专业主题分馆之一。科技分馆于 2015 年 12 月对外开放，建筑面积 7 000 $m^2$，使用面积 6 500 $m^2$，阅览座位 808 个，读者使用电脑 72 台，开放楼层 3 层。

科技分馆定位为航空航天、环保、科技咨询与科技体验的专业图书馆，旨在成为服务高新技术产业开发区乃至全市高新企业和科研人员的科技文献资源保障基地和科技信息服务中心，具有科技咨询等功能的专业性、研究型、数字化、全开放的新型图书馆。其中，八大行星科普展示体验设备是目前国内唯一能将太阳系八大行星知识点融于一体的展览装置，能够用裸眼 3D 看整个太阳系八大行星的“实时”运动轨迹。

## 五、棋院分馆

由于棋文化和佛教文化深厚的渊源，棋文化在杭州也有着肥沃的生发成长土壤。为了更好地普及棋文化，推动围棋事业和其他棋牌事业的发展，中国棋院杭州分院与杭州图书馆共同主办、共同管理的以棋文化、围棋项目为特色的专业图书馆——中国棋院杭州分院。图书馆位于钱江新城中国棋院杭州分院（天元大厦内）四楼，于 2008 年 3 月正式使用并对外开放。馆舍面积 200 $m^2$，以中国棋院杭州分院主办、杭州图书馆派专人共同管理的方式运营。馆内布局紧凑，博弈区、书画区相得益彰，所藏专业棋类图书 4 000 余册、报刊 30 余种，除了国内出版的图书之外，还直接从日本、韩国等国家采购原版图书，并自建有围棋信息库等特色数据库，供棋手、棋迷学习查阅。为了更好地为读者服务，棋院分馆还组织了棋友社，以方便棋友切磋、交流，促进棋艺。

图书馆成立以来，坚持“以推动围棋事业和其他棋牌事业的发展为目标，大力普及棋文化”的工作方针，围绕中国棋院杭州分院打造“一校、二馆、三中心”，把杭州建设成中国围棋运动副中心的目标，努力工作，形成和开发出独具特色的馆藏资源和服务项目。

## 六、环保分馆

2016 年 4 月 14 日，杭州图书馆与杭州市环境集团有限公司正式签订合作协议，合力打造了位于静脉小镇的杭图环保分馆，并于2016年6月5日（第45个世界环境日）正式对外开放。环保分馆以公共属性为基础，以环保理念、文化体验、市民参与为主线，通过专题性活动、体验式阅读、全媒体推广等服务方式，提供多样性的公益活动，努力成为城市环保理念的传播者、绿色生活的倡导者、绿色环保信息的分享者，并最终使杭州这座城市及其市民成为世界先进文化和理念的先行者。环保分馆是杭州图书馆第一个以环保为主题的分馆，有别于其他主题分馆，其不仅仅是一个单体馆，更是一个以环保为主题的图书馆体系、一个服务集群。它以天子岭生态公园、静脉小镇、环境集团在城市的工作据点为基础，是整个城市公共图书馆服务体系的重要环节。环保分馆围绕“一个主馆、两个漂流点”，即以环保分馆为主要阅读、体验、活动场所，以生态公园绿宝亭、华家池环保教育宣传站为图书漂流点，将阅读文化、书香文化贯穿于环保文化的传播中，综合提升市民文化认识，让环保成为一种生活态度，进而化解“邻避主义”，最终实现全民履行社会责任[177]。

## 七、江南健康主题分馆

2017年，杭州图书馆江南健康主题分馆在桐庐开馆，成为杭州图书馆继运动、电影、科技、环保、自然等主题后，与社会力量合作开办的第14家特色主题分馆。

该馆位于中医药养生旅游示范基地江南养生文化村内，以普及健康生活知识、倡导文明生活方式、提高市民健康素养为目标，除了配有医疗、养生、健康管理等特色文献近2万册外，还整合文化村内6 500 $m^2$的健康管理中心，借助先进检测设备及专业健康团队，开展面向市民的个人健康免费检测服务和健康指导服务，助力“健康杭州”建设和市民生活品质提升[178]。

### 八、茶文化图书馆

2018 年，中国首家市级茶文化图书馆——杭州图书馆茶文化主题分馆于龙坞茶镇正式开馆，总面积 2 000 $m^2$，分 3 层，以茶文献为主，总藏书达 5 万余册。该馆的文化立意主题是“留香”，包含“书香茶香”“丝路留香”等，是集图书陈列、读者借阅、举办各类茶文化主题活动、茶园观光等多功能于一体的茶文化静态与活态相融的场馆。

图书馆内设与茶相关的创意产品展示区、茶制作体验区、非遗大讲堂、朗读与阅读空间，目的是让市民了解茶文化，体验茶制作过程以及用书香和茶香熏陶市民的爱茶爱书的情趣。主题馆还设有国际友人文化交流区、一带一路茶文化展示以及少数民族特色陈列[179]。

## 第四节 其他典型专题馆

### 一、宣南文化专题资料分馆

北京市宣武区图书馆成立了“首都图书馆宣南文化专题资料分馆”，对宣南文化资源进行抢救性挖掘，积累保存宣南地区的地方史料，建立专题数据库，作为构成北京地区的特色资源知识总库的重要组成部分。建立宣南文化专题资料分馆对北京传统文化（包括非物质文化遗产）进行保护，通过对文献进行抢救挖掘、妥善保护整理、科学开发利用“宣南文化”这一具有深厚文化底蕴的宝贵遗产，为北京市的政治、经济和文化建设服务，对积极扩大“宣南文化”这一文化品牌在北京地区乃至全国的知名度和影响力都具有重要作用和意义[180]。

## 二、中国鞋都图书馆

温州享有“中国鞋都”之美称，鞋业的迅猛发展不仅给当地企业带来了生机和活力，也促进了温州经济的繁荣与发展。温州市图书馆结合自身鞋革方面资源（如图书、图片、杂志、光盘等）丰富的特点，同温州市皮革协会共同筹建了中国鞋都图书馆（又称服装与鞋特色图书馆）。

中国鞋都图书馆藏有中国、意大利、德国、西班牙、日本等国家或地区的几十种鞋革类期刊、手稿及专业图书，提供世界鞋样流行款式光盘集锦（财富商讯），为读者提供有关鞋革方面的企业管理、标准、法律法规、展会信息、行业动态等方面的专题信息咨询、技术疑难解答，并不定期举办各种鞋革专业知识讲座和新技术应用培训班，力求通过高品质、专业性的信息咨询、资料检索、图书借阅、专业培训、多媒体制作等一系列服务保持温州鞋业在国内的领先地位，进一步赶超世界先进水平。

## 三、澜石金属图书馆

澜石金属图书馆是佛山市禅城区联合图书馆的分馆，同时也是我国第一个金属行业的专题图书馆。该馆由禅城区澜石街道办负责投资建设，禅城区政府下拨运作经费，禅城区图书馆负责管理。为满足当地产业的需要、突出办馆特色，澜石金属图书馆以收集金属专业方面的书刊和信息为主，目标是建成国家级金属信息中心。目前，该馆藏书 4 万余册、期刊 182 种、报纸 60 种。澜石金属图书馆在为金属行业服务之外，还兼顾为社区服务，提供一般公共图书馆的基础服务[181]。

# 参考文献

[1] 李彩萍．公共图书馆专题图书馆的建设与服务[J]．江西图书馆学刊,2012,42(04):21-23.

[2] 范兴坤．当前我国公共图书馆事业政策建设思路研究[J]．国家图书馆学刊,2017,26(01):3-13.

[3] 国家图书馆研究院．建国以来我国图书馆事业发展政策文件选编[J]．国家图书馆学刊,2014,23(01):113.

[4] 王亚南．中国公共文化投入增长测评报告(2018)[J]．北京:社会科学文献出版社,2018.

[5] 中国图书馆学会,国家图书馆．中国图书馆年鉴2016[M]．北京:国家图书馆出版社,2016:333-377.

[6] 杨小凤．当代中国公共图书馆政府政策研究[J]．湘潭大学,2017.

[7] 李国新．《中华人民共和国公共图书馆法》的历史贡献[J]．中国图书馆学报,2017,43(06):4-15.

[8] 谢雨．论专题图书馆建设与图书馆核心竞争力[J]．安徽大学,2013.

[9] 崔英姿．公共图书馆专题图书馆的建设与服务[J]．内蒙古科技与经济,2013(04):138-139+141.

[10] 黄晓艳．试论地方高校主题图书馆的建设——以平顶山学院为例[J]．河南图书

馆学刊,2014,34(08):69-71.

[11] 陈玉娴．图书馆流通书库中主题图书区的设置、管理和服务[J]．办公室业务,2017(09):159+161.

[12] 马英,苏静芹,李正祥．公共图书馆专题文献资源建设策略[J]．图书馆建设,2011(10):83-85.

[13] 赵华荣．创建图书馆主题阅览室的初步构想[J]．大众科技,2012,14(02):207-208+191.

[14] 卢萬．总分馆体系下专题图书馆的建设——以东莞图书馆为例[J]．图书馆学刊,2009,31(05):11-12.

[15] 林纯．公共图书馆服务深化:“专题图书馆”建设[J]．图书馆论坛,2006(02):78-80.

[16] 纪明奎．关于在高校图书馆流通书库设立“主题借阅区”的构想[J]．图书馆建设,2011(05):50-51+55.

[17] 魏建华．工商专题图书馆建设:台港两地的启示[J]．现代情报,2003(08):220-221+215.

[18] 苏静芹,马英,李正祥．我国公共图书馆专题图书馆建设与发展简述[J]．图书馆建设,2011(10):80-82+89.

[19] 王世伟．主题图书馆述略[J]．山东图书馆学刊,2009(04):36-38.

[20] 徐捷．基于公共图书馆之主题图书馆的构建研究[J]．河北科技图苑,2015,28(01):25-28.

[21] 熊军,李英,方玲,等．主题图书馆发展趋势[J]．四川图书馆学报,2017(06):32-36.

[22] 马英,苏静芹,李正祥．公共图书馆专题文献资源建设策略[J]．图书馆建设,2011(10):83-85.

[23] 任国祥．主题图书馆资源建设的深化与创新[J]．图书馆杂志,2014,33(06):66-69.

[24] 杨东铭．主题图书馆建设与图书馆阅读推广的创新研究[J]．图书情报导刊,

2017,2(05):13-16.

[25] 丁沫. 关于主题图书馆及主题信息深度服务的思考[J]. 情报探索,2015(04):116-118.

[26] 王继颖,王婉卿. 以信息共享空间理念构建主题馆——以杨浦上海近代文献馆为例[J]. 图书馆杂志,2011,30(08):56-57+55.

[27] 刘红梅. 论公共图书馆专题文献服务——以深圳图书馆法律馆为例[J]. 图书馆学刊,2012,34(05):79-81.

[28] 卢苒. 总分馆体系下专题图书馆的建设——以东莞图书馆为例[J]. 图书馆学刊,2009,31(05):11-12.

[29] 姜小玲. 上海初步完成都市主题图书馆布局[N]. 解放日报,2009-03-04(013).

[30] 王继颖. 彰显特色 拓展功能——上海市杨浦区图书馆主题馆建设探讨[J]. 新世纪图书馆,2011(11):94-96.

[31] 马子雷. 上海市中心图书馆开设非遗分馆[N]. 中国文化报,2011-06-17(002).

[32] 许慧颖. 我国主题图书馆的发展分析[J]. 图书馆学研究,2013(07):23-27.

[33] 丁沫. 我国主题图书馆建设现状的调查分析[J]. 河南图书馆学刊,2015,35(05):102-104.

[34] 程水龙. 浦东图书馆专题文献建设探研[J]. 图书馆建设,2010(03):25-28.

[35] 屠淑敏. 试论公共图书馆服务体系中主题图书馆建设——基于杭州主题图书馆建设实践的思考[J]. 图书馆工作与研究,2016(03):77-81.

[36] 郭红娟. 公共图书馆专题图书馆建设探微[J]. 图书馆研究,2014,44(04):17-19.

[37] 刘红梅. 论公共图书馆专题文献服务[J]. 新世纪图书馆,2012(08):56-58+96.

[38] 龚新年,邹序明. 公共图书馆特色服务品牌建设——以深圳市盐田区图书馆“海洋”主题服务为例[J]. 图书馆,2013(04):132-134+137.

[39] 钟文汇. 公共图书馆专题图书馆的建设——以深圳图书馆为例[J]. 晋图学刊,2012(04):55-57.

[40] 赵爱杰. 专题图书馆建设路径——以东莞漫画图书馆为例[J]. 图书馆论坛,

2017,37(08):105-109.

[41] 李婷．专题图书馆——公共图书馆的特色“品牌”服务[J]．河南图书馆学刊，2014,34(11):15-16.

[42] 袁越．“专题图书馆”的品牌服务[A]．新环境下图书馆建设与发展——第六届中国社区和乡镇图书馆发展战略研讨会征文集(上册)．湖北省图书馆学会、中国图书馆学会社区乡镇图书馆专业委员会、全国中小型公共图书馆联合会、山西省图书馆学会,2007:4.

[43] 周士虎,柴纯青．中国专门图书馆的发展现状[J]．图书情报工作,1996(03):13-17.

[44] 贺卫兵,廖姗．建设安源路矿工人运动主题图书馆研究[J]．萍乡学院学报,2016,33(01):116-118.

[45] 刘芸．浅议江西省基层公共图书馆主题图书馆建设[J]．科学大众(科学教育),2016(09):168-169.

[46] 朱进．试论专题图书馆文献的建设——以大别山革命历史专题图书馆为例[J]．图书馆研究,2017,47(04):52-54.

[47] 张雪英．我省首家国学主题图书馆开馆[N]．三明日报,2011-04-30(A01).

[48] 王兆辉,王祝康．解放区抗战歌谣的主题意蕴——重庆图书馆抗战民歌民谣专题文献研究[J]．公共图书馆,2011(03):60-63.

[49] 许惠玲,谢艳伶．中外特色图书馆比较研究[J]．图书馆学研究,2009(01):89-91.

[50] 高曼．全球特色图书馆简介[J]．图书情报工作,1998(07):57-59.

[51] WITTWER Roland. Special Libraries-how to survive in the twenty-first century[J]. The Electronic Library,2001:221-224.

[52] BARROSO Isabel. Metadata Integration over a Repository Infrastructure[J]. Thematic Digital Libraries at the University of Porto,2009:392-395.

[53] S. P. SINGH. Some current trends[J], Special libraries in India,2006:520-530.

[54] 新加坡首家华人主题图书馆开馆[J]．图书馆理论与实践,2013(04):86.

[55] 孙冬梅．公共主题图书馆信息服务研究[J]．内蒙古科技与经济,2018(06):106-107.

[56] 裴世荷．构建主题图书馆的要素[J]．科技情报开发与经济,2007(23):14-16.

[57] 李正祥,马英,苏静芹．公共图书馆专题图书馆的管理与服务[J]．图书馆建设,2011(10):86-89.

[58] 付翠阳．公共图书馆中的主题图书馆阅读推广服务研究[J]．图书馆界,2017(04):74-77.

[59] 周天旻,杨庆书,李妹．泛信息环境下阅读推广研究:唤醒沉睡的图书——以海南医学院图书馆"主题馆藏展"实践为例[J]．图书馆杂志,2015,34(04):64-69.

[60] 李正祥,马英,苏静芹．公共图书馆专题图书馆的管理与服务[J]．图书馆建设,2011(10):86-89.

[61] 郭红娟．公共图书馆专题图书馆建设探微[J]．图书馆研究,2014,44(04):17-19.

[62] 王世伟．上海城市发展与图书馆发展的互动作用[J]．图书情报工作,2005(07):80-83.

[63] 鲍宗豪．当代中国都市生活方式的理性思考[J]．南京社会科学,2006(09):1-7.

[64] 袁行霈,陈进玉．中国地域文化通览·上海卷[M]．北京:中华书局,2013:6-8.

[65] 浦东年鉴编辑部．浦东年鉴 2016[M]．北京:浦东年鉴编辑部,2016:14.

[66] 刘丽．从读者分层论视角看读者群构成变化的两大热点[J]．四川图书馆学报,2003(05):2-5.

[67] 束漫．公共图书馆服务研究[M]．北京:国家图书馆出版社,2009:110-111.

[68] 陆学艺．当代中国社会阶层研究报告[M]．北京:社会科学文献出版社,2002.

[69] 吴建中．转型与超越——无所不在的图书馆[M]．上海:上海大学出版社,2012:56-57.

[70] OSBURN C B. Regaining Place[J]. Library Administration and Organization, 2007(24).

[71] 吴建中．转型与超越——无所不在的图书馆[M]．上海:上海大学出版社,

2012:69.

[72] 刘琼. 中美大学学科馆员的初步比较研究[J]. 大学图书馆学报,2005(4):13-15.

[73] 张伟. 行道 图书馆之于教[M]. 197-202.

[74] 赵福莲. 公共图书馆建立“专题馆员”制度刍议[J]. 当代图书馆,2002(04):10-13.

[75] 柯平,唐承秀. 新世纪十年我国学科馆员与学科服务的发展(上)[J]. 高校图书馆工作,2011,31(02):3-10.

[76] 栗霞, 王美芳. 澳大利亚图书馆馆员专业发展现状述评[J]. 高等继续教育学报,2014, 27(02):50-55.

[77] 王莹. 图书馆员持续专业发展之道——爱尔兰图书馆的 CPD 模式研究与启示[J]. 农业图书情报学刊, 2015, 27(04):127-129.

[78] 张伟,刘锦山. 公共图书馆转型与内涵发展[M]. 北京:国家图书馆出版社,2017:235-237.

[79] 黄宗忠. 服务是图书馆的永恒主题——兼评国外图书馆服务的新理念、新方法[J]. 图书馆论坛,2005(6).

[80] 刘红一. 服务营销理论与实务[M]. 北京:清华大学出版社,2009:302-306.

[81] 施国洪,刘潇,贡文伟. 论中国图书馆服务质量的差距及改进——基于服务质量差距模型的视角[J]. 图书馆学研究,2009(6).

[82] 阳林等. 服务营销[M]. 北京:电子工业出版社,2008:281.

[83] 格林利夫. 仆人式领导[M]. 徐放,齐桂萍,译. 南昌:江西人民出版社,2007.

[84] 以知识资本化为主导推进人力资本战略管理[EB/OL]. http://emuch.net/fanwen/104/11573.html,2012-4-2.

[85] 阿里·维恩兹威格. 一流服务一流员工[M]. 周晶,译. 广州:广东经济出版社,2006:76-78,85-86.

[86] 郭燕平,王锐英. 云服务时代的特色图书馆建设[M]. 北京:中国建筑工业出版社,2013:8.

[87] 浦东图书馆专题推介[EB/OL]. https://wenku.baidu.com/view/8566b05bb52acfc789ebc9f9.html,2014-8-24.

[88] 刘隽. 公共图书馆专题文献建设——以浦东图书馆为例[J]. 图书馆学刊,2013,35(11):33-35.

[89] 馆庆特辑[EB/OL]. http://www.sohu.com/a/197875993_289001,2017-10-13.

[90] 程水龙. 浦东图书馆专题文献建设探研[J]. 图书馆建设,2010(03):25-28.

[91] 冯彩芬. 基于用户需求的高校图书馆外文文献馆藏发展对策研究[J]. 图书情报知识,2013(02):58-63.

[92] 陈剑虹. 以读者需求为导向的公共图书馆服务研究[J]. 河南图书馆学刊,2018,38(04):16-17+23.

[93] 樊国萍. 读者决策采购——用户需求驱动的文献资源建设模式[J]. 大学图书馆学报,2012,30(06):57-61+82.

[94] 丁一闻. PDA 在我国图书馆的实施策略研究[J]. 图书馆学研究,2013(21):75-78+40.

[95] 赵元章. 馆藏文献布局略论[J]. 图书馆论坛,2005(02):194-196.

[96] 赵珊珊. 基于三线动态典藏的文献资源布局研究——以上海对外经贸大学图书馆为例[J]. 图书馆理论与实践,2018(08):86-91.

[97] 金胜勇,和婧. 论馆藏资源布局理论的发展[J]. 图书馆理论与实践,2013(09):1-4.

[98] 徐忠明. 三线动态典藏制度的理论与实践[J]. 四川图书馆学报,2010(06):14-16.

[99] 温嵘生. 多元一体图书馆文献布局与特色馆藏建设探讨[J]. 江西图书馆学刊,2011,41(04):42-44.

[100] 金胜勇,和婧. 论馆藏资源布局理论的发展[J]. 图书馆理论与实践,2013(09):1-4.

[101] 金国强. 试论高校图书馆藏书布局学科专业一体化[J]. 科技情报开发与经济,2005(05):11-12.

[102] 吴慰慈,李富玲．区域性信息资源共建共享保障体系建设研究[J]．图书馆论坛,2005(06):16-21.

[103] 汤宪振．区域一体化背景下图书馆资源共建共享与服务联盟发展研究[J]．图书馆学刊,2018,40(03):57-60.

[104] 郭丽梅,仰煜．公共图书馆小语种文献建设的创新模式——以浦东图书馆韩语文献建设为例[J]．图书馆理论与实践,2013(08):73-75.

[105] 陈克杰,信丹丹,傅冬栋．区域图书馆文献共享平台构建与服务实践——以浦东图书馆为例[J]．图书馆学研究,2017(01):73-75.

[106] 张婷．借鉴 OCLC 成功经验 大力发展文献资源共建共享事业[J]．图书情报工作,2013,57(S1):52-54.

[107] Digital Nature. The Digital Humanities Manifesto 2.0 [EB/OL]. [2018-06-06]. http://www.humanitiesblast.com/manifesto/Manifesto_V2.pdf.

[108] Jennifer Schaffner, Ricky Erway. Does Every Research Library Need a Digital Humanities Center? [EB/OL]. [2018-06-11]. http://www.oclc.org/content/dam/research/publications/library/2014/oclcresearch-digital-humanities-center-2014.pdf.

[109] 朱娜．数字人文的兴起及图书馆的角色[J]．图书馆,2016(12):17-22,48.

[110] 宋丹丹,戴凡,王安萌,等．国内图书馆数字人文研究综述[J]．晋图学刊,2017(05):74-78.

[111] 董聪颖．穿梭千年:数字人文对档案信息资源开发利用的影响[J]．档案管理,2018(02):11-14.

[112][114] 李欣,张毅,汪志莉．图书馆异构特藏资源整合的数字人文研究需求[J]．数字图书馆论坛,2017(11):48-53.

[113] UNSWORTH J. Scholarly Primitives: what methods do humanities researchers have in common, and how might our tools reflect this? [C]//Symposium on Humanities Computing: Formal Methods, Experimental Practice. London: King's College, 2000.

[115] 王晓光．"数字人文"的产生、发展与前沿[M]．方法创新与哲学社会科学发展．

武汉:武汉大学出版社,2010. 11.

[116] 耿雪 . 数字人文促进研究范式变革[EB/OL]. 中国社会科学报,(2016-05-25)[2018-06-01]. http://www. cssn. cn/zx/201605/t20160525_3022210. shtml.

[117] Sarah Leila Moazeni. Integrating Digital Humanities into the Library and Information Science Curriculum [J]. Public Services Quarterly, 2015, 11(3):225-231.

[118] 于淑娟 . 台大资讯工程学教授:新技术能为历史研究提供什么帮助[EB/OL]. (2015 - 06 - 16) [2018 - 06 - 12] . http://www. thepaper. cn/news Detail _forward _1340177.

[119] 朱本军,聂华 . 跨界与融合:全球视野下的数字人文——首届北京大学"数字人文论坛"会议综述[J]. 大学图书馆学报,2016,34(05):16-21.

[120] 冯云 . 我国图书馆口述历史研究综述[J]. 图书馆工作与研究,2015 ( 2): 21-24.

[121] 严春子 . 口述资源的建设利用探析——以吉林省图书馆口述资源建设实践为例[J]. 图书馆学研究,2018(08):33-35.

[122] 祁兴兰 . 国内图书情报档案领域口述资料研究进展及特点[J]. 图书情报工作,2014,58(09):121-128+142.

[123] 朱伟 . 从文字文献到影像口述[D]. 东北师范大学,2012.

[124] 王彬,邓文池 . 镜头背后的新契机——图书馆地方特色文化专题片拍摄及其应用研究[J]. 图书馆研究,2016,46(03):53-57.

[125] 储兰 . 公共图书馆读者群培育研究[J]. 图书馆研究,2014,44(03):113-116.

[126] 郑德俊 . LibQUAL 与 ClimateQUAL 的对比评析及其在服务质量控制中的应用[J]. 大学图书馆学报,2012(2):65-73.

[127] 风笑天 . 社会学研究方法 . 中国人民大学出版社,2009:195-196.

[128] 王世伟 . 关于《公共图书馆服务规范》编制的若干问题[J]. 中国图书馆学报,2011(3):25-37.

[129] Aleksandra Vranes. Digital Humanities and Modern Libraries [EB/OL]. [2018-05-14] . http://infoteka. bg. ac. rs/pdf/Srp/2014/INFOTHECA _ XV _ 1 _ 2014 _ 4a

-15a. pdf.

[130] Philip K,Gary A. Principles of marketing[M]. 郭国庆,钱明辉,陈栋,等译. 北京:清华大学出版社,2005.

[131] 中国图书馆学会. 图书馆服务宣言[J]. 中国图书馆学报,2008(6):7.

[132] 王子舟. 图书馆学是什么[M]. 北京:北京大学出版社,2008:287-288

[133] 范并思. 图书馆学与阅读研究[J]. 图书与情报,2010(2):7-10.

[134] 李伟超. 图书馆信息共享空间构建研究综述[J]. 新世纪图书馆,2012(6):13-17.

[135] Gardner S,S Eng. What students want:generation Y and the changing function of the academic library[J]. Portal: Libraries and the Academy, 2005,5(3): 405-420.

[136] Demas S. From the ashes of Alexandria: What's happening in the college library?[J]. In: Library as place:Rethinking roles,rethinking space,25-40. Washington DC: Council on Library and Information Resources, 2005.

[137] 熊莉君,张福阳,张灿. 图书馆在数字人文领域的传播功能与服务研究[J]. 图书馆,2016(02):88-93+99.

[138] 刘月,罗利. 服务管理理论研究进展[J]. 管理评论,2004(4):33-38.

[139] 冯俊,张运来. 服务管理学[M]. 北京:科学出版社,2010:5-6.

[140] 周吉. 社会融合与信息时代公共图书馆的场所价值[EB/OL]. [2013-04-15]. http://www. evergreeneducation. org/data/itie2010/622%20A/3zhou. doc.

[141] 邱华,程洁. 服务营销[M]. 武昌:武汉大学出版社,2009:14-15.

[142] 程亚男. 组织文化与文化塑造——图书馆管理的视角转换[J]. 中国图书馆学报,2004(3).

[143] 卜世波. 卡诺模型在高校图书馆读者满意度中的应用研究[J]. 图书馆论坛,2009(2):112-114.

[144] 郑君平. 基层图书馆特色建设与创新服务[M]. 北京:国家图书馆出版社,2016:10-13.

[145] 周小林. 近十年来图书馆阅读研究的几个特点[J]. 图书与情报,2011(5):

116-119.

[146][147] 王波,等. 中外图书馆阅读推广活动研究[M]. 北京:海洋出版社,2017.

[148] 赵俊玲,郭腊梅,杨绍志,等. 阅读推广 理念·方法·案例[M]. 北京:国家图书馆出版社,2013.

[149] 菲利普·科特勒. 营销管理:分析、计划和控制[M]. 上海:上海人民出版社, 1996.

[150] 生奇志. 品牌学[M]. 北京:清华大学出版社,2011.

[151][152] 屠淑敏,冯亚慧,李玲丽,等. 互联网思维视野下的公共图书馆跨界服务思考——跨界 OR 被跨界[J]. 图书与情报,2015(01):125-130.

[153] 陈超. 用"互联网+"和"图书馆+"成就全民阅读[N]. 文汇报,2015-04-24(005).

[154] 杨熔. 全媒体时代公共图书馆阅读推广社会合作的发展策略[J]. 大学图书情报学刊,2017,35(06):3-6+10.

[155] 张莹. 高校图书馆智库建设研究[D]. 燕山大学,2016.

[156] 黄长伟,曲永鑫. 高校图书馆智库能力建设探究[J]. 现代情报,2016,36(11):128-131.

[157] 张明,张莹,李艳国. 高校图书馆智库的组织架构及职能定位研究[J]. 图书馆工作与研究,2016(04):10-17.

[158] 黄如花,李白杨,饶雪瑜. 面向新型智库建设的知识服务图书情报机构的新机遇[J]. 图书馆,2015(05).

[159] 李朝云. 智库建设与高校图书馆馆员的素质[J]. 大学图书情报学刊,2016,34(06):16-19.

[160] 田慧生. 加强新型教育智库建设,提升服务能力和水平[J]. 教育研究,2015,36(04):10-13.

[161] 毛丹. 党校图书馆由"数据库"向"智慧库"转型建设研究[J]. 图书馆研究,2016,46(02):9-14.

[162] 杨蔚琪. 现代智库建设视域下党校图书馆的服务创新研究[J]. 现代情报,2014

(09).

[163] 张燕,陈天伦. 图书馆个性化阅读环境运用云技术研究[J]. 图书馆工作与研究,2015(09):32-33+37.

[164] 王克修. 中国特色新型智库制度保障中存在的主要障碍和对策[J]. 经济界,2016(03):40-47.

[165] 马捷,王思,胡漠,等."信息-知识-智能"框架下图书馆智库职能构建与能力提升[J]. 图书情报工作,2017,61(17):43-52.

[166] 中国国际经济交流中心课题组. 八大措施促新型智库体系建设[N]. 经济参考报,2015-01-22(008).

[167] 廉立军. 特色智库决策支持信息保障协同创新机制研究[J]. 图书馆学研究,2014.

[168] 熊军,李英,方玲,等. 主题图书馆发展趋势[J]. 四川图书馆学报,2017(06):32-36.

[169] 杜秦生. 新建筑新格局新气象——深圳图书馆新馆的建筑、理念、功能与服务特色[J]. 深图通讯,2006(02):12-15+28.

[170] 钟文汇. 公共图书馆专题图书馆的建设——以深圳图书馆为例[J]. 晋图学刊,2012(04).

[171] 余胜. 深圳图书馆专题文献服务效益提升对策[J]. 公共图书馆,2015(03):56-64.

[172] 赵爱杰. 专题图书馆建设路径——以东莞漫画图书馆为例[J]. 图书馆论坛,2017,37(08):105-109.

[173] 苏静芹,马英,李正祥. 我国公共图书馆专题图书馆建设与发展简述[J]. 图书馆建设,2011(10):80-82+89.

[174] 李映嫦. 创新服务理念拓展服务空间——东莞图书馆的实践与思考[J]. 图书馆论坛,2010,30(02):59-61.

[175] 吴庆珍. 谈公共图书馆建筑布局的发展趋势——以杭州图书馆新馆为例[J]. 图书馆工作与研究,2010(12):65-68.

[176] 屠淑敏．试论公共图书馆服务体系中主题图书馆建设——基于杭州主题图书馆建设实践的思考[J]．图书馆工作与研究,2016(03):77-81.

[177] 王杨,黄林英,周宇麟．公共图书馆在环境保护领域的创新探索——以杭州图书馆环保分馆为例[J]．图书馆研究与工作,2018(03):56-59.

[178] 孙立波．杭州图书馆江南健康主题分馆开馆[J]．杭州(周刊),2017(17):57.

[179] 沈碧薇．中国首家市级茶文化图书馆正式开馆[J]．杭州(周刊),2018(40):58.

[180] 袁越．"专题图书馆"的品牌服务[J]．新环境下图书馆建设与发展,2007(3).

[181] 苏静芹,马英,李正祥．我国公共图书馆专题图书馆建设与发展简述[J]．图书馆建设,2011(10):80-82+89.

# 后 记

伴随着新馆的诞生，浦东图书馆进入了发展的最佳时期，张伟馆长在思想层面对浦东图书馆新馆的发展理念和发展方式的顶层设计，最终确立了“内涵发展”的主线，建设专题馆成为浦东图书馆转型发展的一个重要选择。陈克杰馆长带领着我们专题馆的同人们，一直在努力寻找适合浦东图书馆的特色化发展方式，从专题馆是什么、为什么、怎么做等方面开展思考和探索，我们开展全国各地的调研与考察，各馆建设的特色专题、主题以及期刊论文都是我们虚心学习、参考的对象，我们多次邀请专家进行论证，对 12 个选题方向进行筛选、调整，进一步精准定位，形成了具有浦东特色的“7+1”专题模式。

在现实业界学界中，专题图书馆（简称“专题馆”）这一名称还不是一个专有名词，主题图书馆、特色图书馆等名词都有所使用。在实际辨认名词之时，我们认为在本质上基本一致，就一定意义而言，浦东图书馆在概念的辨认上以专题馆为选名较为合适。

我们围绕着专题馆建设和专题馆服务两条主线，探索浦东图书馆专题馆实践的发展方式。从专题设置、专题馆员、专题文献馆藏体系、专题资源开发，到服务设计、服务项目开展，历经八年的行路、反思、再前进，我们有纠结、有迷茫、有理念上的选择,值得欣慰的是,我们在行进中逐步拓展了浦东图书馆专题馆发展内涵,也培养了一批有担当的专题馆员队伍。

写本书的想法是源于我们希望能够将浦东图书馆专题馆的实践探索之路进行些许的理论总结与提炼,为进一步的实践探索理清思路与方向。正逢此时,"21 世纪图书馆学丛书"第五辑将"专题馆"选题纳入系列并提供资助,于是,我们立足浦东图书馆专题馆建设的实际,开始了整理成文,呈现给业界同人。

本书的分工如下:第二、三、五、六、七章由信丹丹撰写,第一、四、八、九章由仰煜撰写。这是一本实践者写的书,所涉及的所有思考,均源于在浦东图书馆专题馆"现场"的躬身实践,在研究的过程中,以专题馆员平时积累的工作文档为基础,所述文字并不是面面俱到的理论综论,而仅是透过现实进行一些理论思考的论述。集众人的实践之力,今日得以付梓,着实不易。需要特别提到的是,我们仍然在实践行进的路上,任重而道远,而尚未能实践之事,是我们努力追求的"未尽事宜",本书在我们可以预见的"愿景"中进行了设想,给出了应然的模样。

在撰写的过程中得到了很多专家老师的关爱和支持。丘东江老先生作为组织丛书编撰的主编,十分重视本书质量,对书稿内容、书名多次审阅,给出了颇多建议,屡次垂询写作进度,出谋划策,给予了莫大的支持和鞭策。陈克杰老馆长亲自作序,并承蒙垂青为本书更名。我还要感谢张伟馆长给予我的实践平台和机会,让我得到历练和成长。把最后的感谢送给在专题馆默默工作的伙伴们,借此书向他们致敬!

当然我们的撰写也有不足,主要是:①行文风格、语言风格有差别。由于出自两人之手,研究视角的对焦、概念、体例有时不够统一,不过这样也呈现出内容的丰富性。②与计划略有出入。原计划专题馆的发展单独列章论述,在撰写过程中发现难以全面描绘未来的模样,对于未来,很多设想只是在可以预见的发展方向上阐发,故分散于各章之中。希望今后能有机会进一步研究,产生更好的学术价值和社会效益。

专题馆对图书馆界而言是一个方兴未艾的研究方向,我们的论述只是一个先遣性的探索,希望对即将开展专题馆相关业务的同人能够起到一些启发作用,也期待更加完善的专题馆成果问世,起到抛砖引玉之功效。限于著者的水平,本书一定还有不少缺点、疏漏甚至错误,有的可以自我发现,有些未必能自我认知。敬请业界同行予以批评指正,望读者见谅!

信丹丹

2018 年 11 月 23 日于浦东图书馆